康熙上虞縣志 3

紹興大典 史部

中華書局

上虞縣志卷之十五

人物志二

漢　晉　南宋　宋　明
皇清

名賢列傳

纍絲不盡製于龍袞喬木不盡棟於明堂虞賢自李莊簡外鮮居政府者然而匡王澤民翊盛扶替隨所遘會奏乃嘉績照映于今古翩翩哉類足述矣高山仰止先正具在夫誰阿所好也志名賢傳

漢孟嘗字伯周其先孟英三世爲郡吏並伏節死義嘗少修操行仕郡爲戶曹吏上虞有寡婦孝養其

姑姑以壽終夫女弟誣婦鴆姑嘗知其任言之太守守不爲察婦竟冤死自是郡中連旱二年後太守殷丹問故嘗詣府具陳婦冤狀曰昔東海孝婦感天致旱于公一言甘澤時降今宜戮訟婦者以謝冤魂庶幽枉獲伸時雨可降丹從之即刑訟女而祭婦墓澍雨隨應後策孝廉舉茂才拜徐令遷合浦太守郡不産穀而海出珠嘗通商貿穀先時太守採求無節珠漸徙交阯行旅不至民甚病之嘗到官釐革前弊去珠復還皆稱神明旋以病歸

民攀留不得進夜遁去隱處窮澤身自耕傭鄰縣
士民慕其德居止者百餘家桓帝時尚書同郡楊
喬七上書薦其賢其畧曰孟嘗安仁弘義耽樂道
德清行出俗才幹絶羣前更守宰移風改政去珠
復還饑民蒙活且南海多珠掌握之內價盈兼金
而單身謝病躬耕隴次至沉淪草莽好爵莫及廊
廟之寶棄于溝渠忠貞之節永謝聖朝夫物以遠
至爲珍士以希見爲貴槃木朽株爲萬乘用者左
右爲之容耳臣以斗筲之姿趍日月之側思立微

節不敢苟私鄉曲竊感禽息忘身進賢竟不見用年七十卒于家今縣東南有孟宅其故居也元至正間祀鄉賢

魏朗字少英少爲縣吏兄爲鄉人所殺朗白日操刃報讐于縣中遂亡命至陳國從博士郤仲信學春秋圖緯又詣太學受五經李膺輩爭從之遊辟司徒府再遷彭城令時中官子弟多行非法朗嚴奏劾幸臣忿嫉欲中之會九真賊起乃共薦朗爲九真都尉到官奬厲吏卒討破羣賊斬首二千級桓

帝美其功徵拜議郎項之遷尚書屢陳便宜多所
補益出爲河內太守政稱三河表尚書令陳蕃薦
朗公忠亮直宜在機密復爲尚書會被黨議免歸
朗性矜嚴家人不見惰容後竇武等誅朗以黨被
徵行至牛渚自殺著書數篇號魏子名在八俊之
列時人爲之諺曰天下忠貞魏少英
朱儁字公偉少孤母嘗販繒爲業儁以孝養聞好義
輕財鄉閭敬之仕郡爲主簿太守徐珪舉儁孝廉
除蘭陵令政有異能爲交趾刺史平交趾賊梁龍

降數萬人封都亭侯及潁川汝南陳國黄巾賊起公卿多薦儁有才畧拜右中郎將持節與左中郎將皇甫嵩討破之諸賊悉平以功進封西鄉侯遷鎮賊中郎將而南陽黄巾張曼成稱神上使衆數萬殺郡守褚貢屯宛下太守秦頡擊殺曼成賊更以趙弘爲帥衆至十餘萬據宛城儁與荆州刺史徐璆及秦頡合兵急擊弘斬之賊餘帥韓忠復據宛拒儁儁起土山以臨城内因鳴鼓攻其西南賊衆悉赴儁自將精兵掩其東北乘城而入忠乃退

保小城乞降司馬張超及徐珍秦頡欲聽之儁曰兵有形同而勢異者昔秦項之際民無定主故賞附以勸來耳今海內一統惟黄巾造寇納降無以勸善討之足以懲惡因急攻不克儁登土山望之顧謂張超曰吾知之矣賊外圍周固內營逼急乞降不受欲出不得故以死戰萬人一心猶不可當况十萬乎不如徹圍并兵入城忠見圍解勢必自出自出則意散易破之道也已而解圍忠果出戰儁因擊大破之乘勝逐北斬首萬餘級忠等遂降

餘衆解散振旅還京師以儁爲光祿大夫封錢塘侯時董卓擅權關東兵起卓懼議徙都長安儁輒止之卓雖惡儁異己貪其名重乃表遷太僕以爲己副儁辭不受因曰副相非臣所堪國家西遷必孤天下之望以成山東之釁并計卓不能屈及卓入關留儁守洛陽而儁與山東諸將通謀爲內應旣而懼爲卓所襲棄官奔荆州卓聞使將李傕郭汜等屯河南拒儁儁留關下不敢前及董卓被誅傕汜劫天子作亂陶謙以儁名臣數有戰功可委

以大事乃與諸豪傑共推儁爲太師因移檄牧伯同討李傕等奉迎天子奏記于儁適李傕用周忠賈詡策徵儁入朝軍吏皆憚入關欲應陶謙等儁曰以君召臣義不俟駕且傕汜小豎樊稠庸兒無他遠略又勢力相敵變難必作吾乘其間大事可濟遂辭謙等而就傕徵代周忠爲太尉錄尚書事會李傕殺樊稠而郭汜又自疑與傕相攻獻帝詔儁與楊彪等譬郭汜令與傕和汜不肯遂留質儁等儁素剛即日發病卒論曰皇甫嵩朱儁並以上

將之畧受任倉卒之時功成師克威聲滿天下值猾賊肆横弱王蒙塵斯誠葉公投袂之幾翟義勦旅之日而含格天之大業蹈匹夫之小諒卒狼狽虎口為智士笑豈天之長斯亂也何智勇之不終乎從祀鄉賢子浩有才行官豫章太守

晉謝安字安石陽夏人少有重名因遊會稽覽始寧東山之勝遂搆居家焉初辟司徒府又除著作郎並以疾辭與王羲之許詢支遁遊出則漁弋山水入則吟咏屬文無當世意放情丘壑每遊賞必以

妓女從簡文帝時卜相曰安石既與人同樂必不
得不與人同憂召之必至時安弟萬爲征西中郎
將總藩任之重安雖處衡門其名出萬右其年四
十餘矣桓温請爲司馬甚見禮敬尋除吳興太守
在官無當時譽去後爲人所思頃之徵拜侍中遷
吏部尚書中護軍簡文帝疾篤温上疏薦安宜受
顧命及帝崩温入赴山陵止新亭大陳兵衛將移
晉室呼安及坦之欲於坐中害之坦之甚懼問計
于安安神色不變曰晉祚存亡在此一舉既見温

坦之流汗沾衣倒執手版安從容就席曰安聞諸侯有道守在四鄰明公何須壁後置人耶溫笑曰正是不能不爾耳遂笑語移日時溫威振內外人情恟恟安與坦之盡忠王室終能輯穆尋詔安總關中書事安義存輔導不務小察弘以大綱中外賴之進侍中都督諸軍事封建昌縣公時苻堅強盛率衆百萬次淮淝京師震恐加安征討大都督其兄子玄入問計安答曰已別有旨既而寂然遂命駕出遊至夜乃還指授將帥各當其任桓冲請

以兵入援安辭却之鉉既破堅有驛書至安對客圍棋看書竟了無喜色問之徐曰小兒輩遂已破賊進拜太保封廬陵郡公安方欲混一上疏求自北征乃進都督加黃鉞安雖受朝寄東山之志始末不渝每形于言色及遇疾悵然曰吾殆不起乎上疏遜位尋薨帝臨于朝堂賜殮具甚厚贈太傅謚文靖祀上虞鄉賢

謝鉉字幼度少頴悟有經國才畧爲叔父安所器重隨安遊始寧東山家焉時符堅强盛數犯邉境朝

廷求文武良將安以鉉應舉郄超素與鉉不善聞
而嘆曰鉉必不負所舉吾嘗見其使才雖履屐閒
亦得其任于是徵拜建武將軍監江北諸軍事符
堅入寇衆號百萬詔以鉉爲前鋒都督諸軍事與
叔父安從弟琰中郎將桓伊等距之衆僅八萬堅
進屯壽陽列陣臨淝水鉉軍不得渡鉉使謂符融
曰君遠涉吾境而臨水爲陣是不欲速戰諸君稍
却令將士得周旋僕與諸君緩轡而觀之不亦樂
乎堅衆皆曰宜阻淝水莫令得上我衆彼寡勢必

萬全堅曰但却軍令得過而我以鐵騎數十萬向
水逼而殺之融亦以爲然麾使却陣衆因亂不能
止於是鉉與琰伊等以精鋭八千涉淝水決戰堅
中流矢臨陣斬融堅衆奔潰自相蹈藉沒水死者
不可勝計淝水爲之不流詔進號前將軍假節封
康樂縣公會翟遼張願叛河北騷動鉉自以處分
失所上䟽送節盡求解所職又以疾辭詔遣醫令
自消息前後表數十餘皆不報久之乃轉授散騎
常侍左將軍會稽内史時吳興太守張鉉之亦以

才學顯與鉉同年之郡而名亞于鉉時人稱爲南北二鉉鉉與疾之郡卒葬始寧謚獻武

謝萬字萬石安之弟簡文帝作相召爲從事郎中萬着白綸巾鶴氅　而前共話移日後爲豫州刺史

謝混字叔源少有名譽善屬文初孝武帝爲晉陵公主求壻謂王珣曰王壻但如劉眞長王子敬便足珣對曰謝混雖不及眞長不減子敬帝曰如此便足未幾帝崩袁崧欲以女妻之珣曰卿莫近禁臠初元帝如鎮建業公私窘罄每得一㹠以爲珍膳

頂上一巒尤美輒以薦帝羣下未嘗敢食時呼爲
禁臠故珣因以戲之桓元嘗欲以安宅爲營混曰
召伯之仁猶惠及甘棠文靖之德更不保五畝之
宅耶元聞慚而止

謝晦字宣明寓始寧與混同在武帝前帝目之曰一
時頓有兩玉人南宋初爲鎮北將軍與傅亮等同
被顧命

南宋謝密字弘微與族子靈運瞻晦以文義賞會晉
義熙初襲武爵建昌侯密惟受書數卷遺財祿秩

一不千頃

謝方明初伯父邈爲孫恩所殺方明以邈舅子馮嗣之等與恩通謀因結邈門生討而手刃之頃之孫恩重陷會稽謝琰見害因急購吳[illegible]日上虞載母妹奔東陽因還寄居國學方明[illegible]暑恪雖堵室未嘗有惰容宋武帝受命徙侍中丹陽尹有能名轉會稽太守江東民戶殷盛奸吏蜂起符書一下文攝相續又罪及比伍動相連坐邑里驚擾方明簡恪苛細務存綱領縱民則會莫敢犯禁除比伍

之坐繫久繫之獄東土稱詠之

謝惠連祖冲父方明十歲能屬文族兄靈運嘉賞之嘗與東海何長瑜荀雍泰山羊璿之以文章賞會共爲山澤之遊嘗辟州主簿不就後爲司徒彭城王法曹作雪賦以見奇年三十七卒弟惠宣任臨川太守

謝朓字元暉緯子也文章清麗長五言詩在宣城登三山得澄江淨如練句世所稱美好獎人才謂孔珪曰此子聲名未立宜共獎成無惜齒牙餘論官

至尙書郎

謝莊字希逸七歲能屬文武帝見而異之謂殷景仁劉湛曰藍田生玉豈虛語也哉時南平王鑠獻鸚鵡詔羣臣爲賦太子左衞率袁淑文冠當時作賦畢示莊及見莊賦歎曰江東無我卿當獨步我若無卿亦一時之傑遂隱其賦時孝武出行夜還勅開門莊居守以棨信或虛須墨詔乃開後上因宴從容曰卿欲效郅君章耶對曰臣聞蒐巡有度郊祀有節盤于游田著之前誡今陛下蒙犯塵露晨

往宵還容致不逞之徒妄生矯詐臣是以伏須神筆耳官至光祿大夫

謝孺子　幼與莊齊名為西陽太守嘗與王彧宴於桐臺孺子吹笙起舞嘆曰今日真使人飄飄有伊洛氣

謝超宗　好學有文詞嘗作殷淑儀誄帝嘆賞謂謝莊曰超宗殊有鳳毛靈運復出矣後出為南郡王中軍司馬司徒褚彥回因送湘州刺史王僧虔閣道壞墜水僕射王儉驚跣下車超宗撫掌笑曰落水

三公墜車僕射彦回出水霑濕很籍超宗在傍虞舫抗聲曰有天道焉天所不容地所不受投畀河伯河伯不受彦回大怒曰寒士不遜超宗曰不能賣袁劉得富貴焉免寒士上前後詣言稍布朝野竟以罪廢

謝幾卿善清辯時號神童年十二召補國子生後爲侍御史

宋李光字泰發宋崇寧中進士知常熟時朱勔方以花石得幸勢焰薰灼光不爲少屈械繫其奴勔怒

監司爲移光知吳江以避之光挺挺自若勔亦不
能害也宣和五年遷司封郎因進對極論時事語
及用事大臣黜知陽朔遷符寶郎欽宗即位擢右
司諫首論宦官譚稹梁方平喪師辱國梁師成締
交蔡京王黼表裏蒙蔽罪皆當誅遷侍御史時尚
主王安石之學詔榜廟堂光言安石欲廢祖宗法
度則謂人主當制法而不當制于法欲盡逐元老
則謂人主當化俗而不當化于俗蔡京兄弟祖述
其說五十年間流毒四海今又風示中外鼓惑民

聽豈朝廷之福慧出寅艮間議者謂敵國將亡之兆光奏春秋書災異以戒人君不應歸之敵國語光激切耿南仲排之謫監汀州酒稅建炎二年高宗移蹕建康以宣爲屏藩除知宣州光到郡繕城池聚兵糧籍諸縣之鄉兵謂之義社南陵水軍叛光遣奇兵啣枚夜擊之賊潰十一月金人奪馬家渡南牧郡縣皆不能支光獨力修守備金人不敢入境四年巨寇戚方破寧國直抵宣城下光設牙帳于南壁躬撫士卒賊分兵百道來攻光隨宜應

之被圍二十八日援兵至解去除徽猷閣待制知臨安府入爲吏部侍郎上疏乞車駕親征漸圖興復進吏部尚書大將韓世清本苗傅黨久駐宣城擁兵抗朝命光請先其未發除之授淮西招撫使親授密旨遂假道擒世清以歸除端明殿學士知建康府都督大臣有所設施光不以爲是大臣方怙權不聽光上疏辨論且請去徙知湖州歷知洪州兼制置大使以吏部尚書召遂除參知政事時秦檜初定和議將揭榜故引光以爲重同郡楊煒

上光書責以附時相取尊官墮金人奸計虧平生大節光本意謂但可因和爲自治計既而檜議撤淮南守備奪諸將兵權光極言金人狼子野心和不可恃備不可撤檜惡之檜以親黨鄭億年爲資政殿學士光於榻前面折之又與檜語難上前曰觀檜之意是欲壅蔽陛下耳目盜弄國權懷奸誤國不可不察檜大怒明日光丐去章九上乃除資政殿學士知紹興府改提舉臨安洞霄宮万俟卨論其怨望安置藤州越四年移瓊州居瓊八年召

歷中又告光與胡銓詩賦相倡和爲譏訕又改移
昌化軍檜死始以南郊赦恩復官聽自便行至蘄
州卒年八十三追復資政殿學士謚莊簡初光過
宋都從劉安世講學得其精微故於死生禍福之
際無所屈撓及再謫瓊海處之怡然日講周易一
卦因著易傳十卷行于世元至正間從祀鄉賢諸
子皆知名士孟傳字文約登紹興五年進士第三
人孟堅字文通以學行舉知無錫又知秀州坐累
謫嶺南會告其家有私史竄陝州檜死復官知無

錫選淮東提舉孟瑀字文潛善草書擢守江陰及沿海制置司參議皆不就孟傳自有傳孫知新知孝知退曾孫復衢並登進士爲顯官世濟其美

李孟傳字文授以父光遺表恩歷官大府丞又兼考功郎韓侂胄與孟傳有故嘗致意孟傳謝曰行年六十去意已决侂胄慙而退當侂胄逐趙汝愚將及朱熹孟傳力爭乃止請外知江州理宗召直寶謨閣入對首論用人宜先氣節後才能招徠忠讜以扶正論政府故人折簡問勞孟傳謝曰孤

蹤久不造朝獲一望清光而去幸矣侂胄誅遷提

點川獄移江東孟傳辭丞相史彌遠亦其親故也

人謂進用其時矣卒以角巾歸第屢召起不赴卒

年八十四常誡子孫曰安身莫若無競修巳莫若

自保守道則福至求祿則辱來性喜書積至數萬

卷誦習不厭所著有磐溪集宏詞類稿左氏說讀

史雜記志舍記異等書

趙子潚字清卿宋太祖六世孫登宣和六年進士除

眞州刑曹調衢州推官兼安撫司主管機宜文字

時苗劉肆逆兵薄城子瀟堅壁拒之城賴以全改知餘姚道由上虞遂家焉尋判衢州廣德軍再調宣州遷吏部郎中尋改戶部總領淮西江東軍糧除兩浙轉運副使時姑蘇大饑計口四十餘萬日給米一千二百餘石活者甚衆陞戶部侍郎孝宗即位首引漢宣帝核名實唐太宗行仁政爲說隆興初以疾辭除知明州沿海制置使時海寇摽掠子瀟明示賞罰令水陸諸軍分道入海寇就擒移知福州改泉州官至龍圖學士左通奉大夫卒贈

少師葬瑞象山胡濙撰銘墓子瀛精明才敏爲世所推所著有奏議數百篇藏于家元至正間祀鄉賢子伯溥仕至朝議大夫孫師呂登進士仕至司封郎官

宋延祖字嗣宗其先濟南人宋建炎南渡家于上虞延祖少穎悟登紹興十四年進士爲於潛尉遷太學博士嘗言招軍利害又欲重湖廣帥權孝宗曰朕不謂卿能議論如此除太常寺丞再除起居郎權給事中繳駁奏論無顧避改諫議大夫兼侍讀

遷兵部尚書延祖以忠直受知不三年而登八座自謂遭時遇主知無不言累以疾辭不允卒于官元至正間祀鄉賢

豐誼字叔賈尚書清敏公稷之曾孫宋建炎中金人寇維揚父治監轉般倉死之誼方四歲棄道旁能語人以姓名太夫人購得之七歲能屬文紹興十一年有詔褒其父之忠補將仕郎監潭州盱眙建康軍又知常台饒蘄衢等州皆有惠政隆興改元除戶部郎中乞外授提點福建刑獄明年除湖南

轉運判官會孝宗即位進吏部郎中遷臺臣有引年之議即抗章請祠詔從之卒贈通議大夫公歷官所至政事文章爲時取正元至正間祀鄉賢長子友俊登紹熙元年進士爲吏部郎中次子友儀爲嚴州司戶叅軍孫雲昭爲廣西經畧曾孫稌稌子呂傳皆篤學潛德克紹家風

貝欽世字聖美登紹興二十四年進士爲衢州西安尉調潮州武康丞居官廉介太守王十朋表薦之改令江陰縣縣有運河綿亘數十里溉田甚廣積

久湮廢欽世諭鄉民浚治之民爭捐金助費不踰月開積土二十九萬四千餘丈公帑不費錙銖郡聞于朝詔授建康簽判以疾卒于家贈節度使元至正間祀鄉賢子襲慶淳熙五年進士勅爲建德軍節度使曰鄉老成練達德器淵靜又屬舊治吏士服習卧護諸將無以踰卿蓋父子爲宋世名卿云

袁評字嘉言以薦授承議郎始寧鄉都察司官值歲歉遵朱熹社倉法行之人賴以全活紹興簽判王

十朋薦陞國子書庫大使時帝久不朝重華宮許與少監孫逢吉等百餘人請帝問疾不許時內使離間兩宮許獨守正不阿遂謝事歸朝議以韓蕪首畀金人且復秦檜爵謚許曰兩人罰金人隙誠有罪何至函首軍前爲國家羞賊檜爵謚始以公議革今乃復之媚敵可乎感憤成疾卒

列傳之二

明葉砥字履道有學行洪武四年進士除定襄縣丞八年坐累謫凉州砥處之裕如日杜門力學時宦

河西者喜從之遊建文元年詔求賢以史才薦召爲翰林編修國史或又薦堪任風憲改廣西按察使僉事永樂初坐修史書靖難事多微辭被逮籍其家惟薄田敝廬古書數篋事白復官仍與史事書成改考功郎中召入文淵閣副總裁永樂大典侍講東宮郎中三考加俸二等職如故秖以老請郡得饒州知府（見鄭曉吾學編）在饒虛心延訪悉民利病而與陰之郡故有甆窯銅冶而丁調不減他郡秖奏減四分之一民困以甦（見一統志）年八十餘卒于官

饒士民巷哭罷市如喪考妣所著有鑾坡藁溪居集孫授永樂甲午膺江西鄉薦除應州學正

林釗字明遠希元之孫也幼穎異絕倫博究羣籍永樂中援貢授江西饒州府通判服官廉靜簡朴惠敷遠邇巡按御史賢其行誼特以府篆授釗遣時際鞠凶民艱食設法賑濟全活甚多尤勤于課士甄別所至悉皆名流蒞任六載恩覃饒士士民立碑志之有清介之操愛育之德等語及旋里家無擔石處之泊如惟以孝弟力田治已訓人而已所

居逼近邑累未嘗足至公庭其介操儉德有祖風焉

嚴震字岳宗少聰慧年十五讀書會稽禹廟有梅梁化龍出遊震作賦鎮之年十九登洪武乙丑科進士第七人授監察御史奉命收陝西反賊有功晉刑部侍郎兼禮部尚書以才敏稱于朝一日侍御座方用扇命題扇詩矢口而成後以止日蝕事罷職梅梁賦云會稽山何巍巍上有千古神禹祠衣冠陵寢今倘在丹青綱赫生光輝梁棟之才不易得中建梅梁更奇特山間夜半風雨生化作老龍遊八極幾時飛去復飛來萍藻沾身人共

測鐵索高懸白晝閑隱隱神光照巠壁鳴呼爾之生也本靈異神物那能久留滯一聲霹靂九天鳴會見風雲起平地（扇詩）不放齊紈月樣裁巧成新製勝蓬萊竹編玉骨參差合花簇銀箋次第開影拂鰲頭隨日至涼生雉尾自天來吾
皇且喜京官盛滿袖春風下紫臺

貝秉彝　初名恒舉進士知邵陽縣以寬大得民承祖重歸起知東阿至則興學校課農桑訓育如家縣常苦潦秉彝爲開渠納諸丈清河得沃田數千畝屢辨寃獄人稱神明獄有死囚未決而盲察其色甚戚因問其寃乎對曰囚固無後第身死即宗祀無繼耳秉彝哀之即令其妻侍疾獄中妻得子娠

遇旱蝗輒自引咎灾不爲害歲屢登邑有虎患爲文告神以驅虎虎遂遠遁嘗率丁壯從上北征供饋餉比還無一人失所在官雖小物必思以及民營繕有餘棄廢鐵敗皮朽索工匠閒暇令煮皮爲膠鑄鐵爲杵擣索爲穰悉貯之庫咸不解所用會

上巡幸北京使督建所次廗殿向所貯悉濟急用而民不費大臣薦秉彝可任風憲徵命已下父老相率詣闕乞留 詔進一階仍知東阿在縣十有八年竟卒于官篋無餘貲寮吏爲治其喪士民哀

之如失父母白衣冠送者不可指數其感人之深如此祀鄉賢

劉謙字正言永樂中以薦辟爲靈川縣知縣民俗雜猺獞治公一意撫循教化大行陞刑部郎中民伏闕懇留復知靈川已又以艱去民復請歷任九載民風丕變後又改知常熟縣政教不減靈川遂卒于官士大夫思之有衷頌集曾孫珩字文鳴中成化戊戌進士知浦城縣沉敏有決斷守諫清白繩奸民養髦士惜以艱去後兩補太平望江所至皆

有最績紀浦城名宦

范宗淵諱清以字行洪武中甫齠齔即詣闕背大誥三篇賜楮幣若干歸中永樂戊戌進士拜監察御史廵按福建蘄松等處風節凛然謚曰范青天卒于官

張居傑永樂中任章丘訓導陞吏科給事中知無不言言皆切時務歷雲南參議江西參政所在有幹濟風譽赫然以最績遷山西左布政使卒弟居彥任長洲教諭歷官福建僉事俱有能聲

葛啓字蒙吉生而骨格不凡四明袁珙善居負之術見仰奇之曰此利用器也稍長補邑弟子員事親克盡孝養永樂戊子年徵修永樂大典書成拜陝西道監察御史上疏言事帝嘉納之宣德間忤中貴出守萍鄉有古循吏風時縣廨有池發並蒂蓮士庶咸詠其德見萍鄉志從弟昂永樂十六年進士亦爲御史昂亦以直聲聞于時

張嵩字廷瞻景泰中由監察御史出守鎮江性剛果綽有幹局先是郡麗譙爲戎司所據昏曉失度嵩

奏隸有司郡學在城南隅隘陋不稱奏請遷學部
可廼度地經營以憂去後學成人文蔚興人懷其
德見鎮江府志天順間再知荆州府仁明廉介毅然有
爲苟利于民雖叢怨不恤修廣學校獎掖後進士
風丕振功名懋于鎮江時見湖廣總志

陳禧正統中同知荆州府事莅政詳愼臨人事有膽
畧邑有激變者以反狀聞請亟勦戮僚友信之欲
發兵禧曰人命至重盍察其實已而果誣貴州苗
民逆命禧統兵隨大將柳侯征之所嚮皆克論功

陞湖廣右參議見荊州府志及湖廣通志

陳金字汝礪宣德中由進士任行人奉使安南厚贐以金金謂使臣義無私交峻拒不受安南人義之爲立却金亭正統末與土木之難金素諳天文先機指畫贊翊民多累官廣東布政使清修簡約銳于興治丁外艱歸民攀留者塡溢衢巷見廣東通志

葉冕字拱辰祇之曾孫正統乙丑進士授南京刑部主事景泰辛未擢知松江府廉明公恕民畏愛之歲屢不登冕悉力賑救賴全活者甚衆府有澱山

湖其半屬崑山界湖堤壞奠修覺視爲一體築堤萬餘丈崑山人感悅陞山東参政進山西左布政使尋晉都察院右副都御史致仕初見在松江樂其土風買地秀野橋西居之殁葬北錢里見松江府志

王進字藎臣成化二年進士初任大理寺評事轉寺副勅恤湖廣刑獄多所平反河間府知府賈鍾納交中貴故殺無辜蘄州有獄連戚里者皆命進往按悉置于法近習滋不悅出進知成都府十年始調山西參政歷山西布政使律法精明牧守簡易以

歿卒于官進在仕途餘三十年猶然儒素及卒之日遠近奔走哀號如喪考妣其得民心如此

洪鍾字宣之本上虞人隨祖有恒家錢塘成化中舉進士初官刑部歷四川按察使讞獄明敏政無留滯馬湖安氏阻兵怙[illegible]鍾用[illegible]除之累遷右副都御史巡撫順天建議增築邊墻自山海抵居庸延亘千餘里已而督漕兩淮晉右都御史掌南院事尋進刑部尚書加太子少保湖南盜起奉命總兵川陝湖河四省軍務既至悉勦平之加太子太保

未幾引年歸卒謚襄惠鍾狀貌魁傑目光秀朗論議英發籌筭無遺卒能以戰伐成功名紀太常祀鄉賢

朱袞字朝章童時即卓犖不羣負大志爲文有奇氣蚤歲薦鄉書弘治壬戌進士授水部主政督理徐州洪以積夫羨銀易石甃堤免衝齧之患外艱歸起補刑部轉員外郎改河南道御史旋以改道故謫江西新昌縣丞循資遷轉至興化府知府凡七任自以不能俯仰諧俗遂三疏引疾不待報而行

至家徜徉考槃間以辭翰自娛更喜接引後輩有造之者終日講談亹亹不倦所在登眺題詠人輙鐫石搆亭珍若拱璧前後閩浙侍御中丞屢騰薦剡王新建總制兩廣亦以才識薦衮皆格不行然海內賢豪景慕雲從相與賡和詩文墨跡殆徧天下所著有拂劍錄水衢餘興夢劍緒言雪壺唱和大小學範大學信心錄體要吟觀微內外篇及三峯文集藏于家

車純字秉文正德丁丑進士授工部主事嘉靖初議

大禮忤旨杖闕下久之擢山西叅議分守大同作備邊論五篇邊境以寧擢雲南副使備兵曲靖霑益州土官與鄰界交攻純以片言平之而寢進叅政撫臺檄治貪吏乘間投以明珠純斥遣之竟正于法遷福建右布政使尋轉左凡三載操持愈勵閩中有車布不車金之謡止以所刻諸書携歸貯之學宫便士子覽誦後晉右副都御史巡撫湖廣北歲大侵賑卹安養民賴以濟會楚世子弑其父藩王入情洶洶純鎮以靜戮其罪逮治之府事遂

定已而三疏乞歸瀕行士民遮道攀留輿不得前純動止有度表裏洞然披誠胥邑藹藹可親歷官四紀淸介如一日歸田二十餘年布衣蔬食不殊寒士未嘗以一刺謁公府客至岸幘延款劇談天下事亹亹不厭爲一時儀表卒年八十九祀鄉賢

顔曄字文華以禮經中正德丁卯鄉薦兩上春官不偶授山西絳州學正召遷南京刑部主事歷郎中出知雲南澂江府曄性長厚不事脂韋宦履所至操行不苟歸田二十餘年杜門卻軌讀書自誤至

人以緩急告未嘗不委曲應之他如築城垣割巳之山置墓田捐巳之俸畧無德色於外祀澂江府名宦曾孫洪範字中起進士任上海令清慎明肅徵拜爲雲南道監察御史巡視山海等關所建白邊陲利弊舉劾人物臧否上輙報可以介直不諧于時出爲河南僉憲尋謫守澤州爾時惟用卧治士民愛之如父母及陞南京刑部副郎日治城旦書多所平反爲當道所重未幾轉北京刑部正郎聲譽益起以使命餉邊休沐卒于家未竟其志士論惜之

陳楠字彥材少沉毅强記遂博綜羣書稱鉅儒登嘉靖丙戌進士授長沙府推官歷大理寺正讞獄多所平反尋出知寶慶慨然慕古之循良賑災弭盜興學造士三年政行惠洽遷按察司副使備兵薊松會不愜于當路遂罷歸杜門讀書廉靜簡朴足勵靡俗云

倪鎧字右文幼穎悟日記數千言年二十舉於鄉以眞積實踐爲務而尤主居敬始授興國學正日舉伊洛淵源課其弟子時四明趙尚書以郎署典川

西試事而鑑為同考試官趙將有所私鑽廉得之固持其議不發所私者竟不中選遷樂平令三月治聲大著調繁南城南城故修乃更繇役之法使皆受直應役士民至今德之迄二年間母病即乞歸養抵家母病旋愈人以為孝感所至居田三十年足不入城市日以讀書課子為事為人忠信篤敬生平無妄語無機心所著有西原日記務本錄按病篤尋卒入祀鄉賢子應斬少負奇積學累行試輒冠諸生恬于義命不希倖進奉父母至孝病

侍湯藥無間晝夜聚順養志具得歡心二親並以
上壽終應斬垂老孺慕如一日敬撫兄弟永無間
言子凍貴封安福縣知縣
賈大亨嘉靖戊戌進士初授行人奉使出入惟箬笥
砂礶後入臺中歷按湖廣河南盧鳳淮陽風節凛
如即鄉曲不庇河南有卞姓者坐誣大辟爲辨出
之卞以厚貲陰謝大亨峻郤之歸田日以所遺薄
產與弟均分人高其義
潘清萱字懋誠嘉靖丙辰進士初任休寧令休俗貲

雄健訟清亶嚴謝請托廉得其情必反覆曉諭令

氣折心平嘗建樓課藝弟子員士風丕振如浙右

轄范淶其最云休故無城清亶力任之城成而倭

至無恐已未召拜[illegible]史奉命總屯馬屯額皆中貴

勲戚所割據清亶一一釐正之會䟽劾掌院者與

援事遂出爲湖廣僉事轉參議時衡永土寇倡亂

清亶撫攝而定年四十餘卽引疾歸未幾卒

鄭遂字惟用幼頴異稍長業儒能旁通星術一日嘆

曰吾命不當以儒顯乃棄習椽事尋謫選得遂溪

縣尉遂溪瀕海海潮衝决堤岸崩圮民失業遂身任其役不數月版築成績民復故業更築衢通往來瀦水道資灌溉久之以老疾歸民思德奉祀名宦子舜臣警悟雋拔嘉靖丙午領鄉薦丙辰登進士授歙縣令以考最貤封父如其官遷南京工部主事忤權貴左遷鄧州同知轉判汀州守通州武袁州府並著懋績所莅尸祝之鄧通二州俱入祀名宦後陞柳州知府遂致仕歸田二十年不事脂韋鄉人多所畏服年七十八卒長孫一麟登萬曆丁丑進士

初任兵部主事覃恩受進階中憲大夫歷官按察司使以母老乞終養歸

張承賚字艮甫凝重端雅髫年以文冠時髦父早世事母以孝聞撫幼弟爲授室不幸早亡復撫其孤如子以家產悉遺之時承賚尚在諸生人以爲難年四十始舉于鄉又十年成進士任松江府推官松江爲相徐階湯沐承賚不激不阿階亦雅重之居無何召擢南京刑科給事中上治安四事世宗嘉納之然卒以言事拂大臣意外補江西上江道

僉事甫一歲值籍嚴虛賍不滿如數議者欲貸兩司贖鍰足之承賚不可折之以義忤使者適議裁冗員遂以九江道報當詣部改選賚曰吾老博一第乃復罄折人前乎遂歸高卧不出居鄉三十年恬澹寡欲質直不欺殆今人而古道者

謝師嚴字汝心登嘉靖乙丑進士授武進縣知縣武進自兵燹後百姓凋弊奸蠹交據財賦積逋胥者一典庫藏掌賦役立至摧敗師嚴勵精求理廉得其故革縣總歷豪民力摉奸蠹無名之費一切捐

除當積飢後一時震慴二年政清弊革盜賊賭博亦爲衰止會朝廷遣御史閱實郡縣錢穀吏胥所至索賂師嚴不能堪白之御史不無訐直御史怒反疏劾之奉旨勘問時已轉工部主事上下皆知其枉百姓伏闕爲請當事者歸于御史久之始白送部調用抵家暴卒毘陵至今賦役之滿甲于江南皆其力也祀名宦

蔣浩字天宏御史啓之曾孫弘治丙辰進士初令五河持身廉謹優䘏窮民流民樂歸闡明理學擢士

觿風邑旱蝗步履數十里爲民禱雨雨隨霑足郛
歷各鄉捕蝗蝗遂飛去今永豐鄉有捕蝗臺天井
湖高皇廟有禱雨井遺跡見五河志考滿召拜南
臺御史以論逆璫廷杖下獄黜爲民璫敗復官知
邵州府遷廣東左參政時新寧盜起大征調集官
民兵使閩藩臬郡分領而浩及參將李璋駐節新
寧時握兵者頗多殺戮賊首陞四兵敗亡走多指
平民藏匿咸被累害獨浩用兵有紀獲盜必多方
審驗不妄殺一人諺曰大盜起誰能保妻子逢葛

李則生遇章簡必死後官至兩京大理卿持法以信廷中稱平乞休歸杜門讀書內行修謹民有大利害輒抗言之一邑倚以爲重年九十二卒恩賜祭葬贈刑部右侍郎從祀名宦鄉賢季子杲以蔭授南京都察院照磨器宇磊落文采曄如不能與時俛仰歸所著有一哂齋漫稿事言統辨

葛木字仁甫浩之長子正德丁丑進士歷刑部郎中奉命省刑心懷好生務求入中之出多所平反所上恤刑奏疏蘭溪唐龍謂其辨誣理枉得使鰥頭

雖之餘意而法未嘗潰焉大倉王世貞謂前後慮江西獄亡論數十百人惟孫忠烈與叅政葛木其見重于世如此尋出知淮安府淮號衝疲難治木鎮以簡靜而加意撫字脩冗弛禁富者不苦于役貧者得負鹽以自活又毀淫祠為書院進諸生月課之淮士民戴如父母遷山東副使山西叅政卒于官喪還過淮士民號泣奔擁停留數月朝夕哭奠不輟木為人孝友清約能世其家嘗夜渡錢塘風濤忽作安坐賦詩云心與神明合風濤夜不驚

祀名宦鄉賢

葛栩字安甫嘉靖甲辰進士爲常熟令砥礪廉節奮起事功如輯鹽盜谿珊江修治七浦皆有惠于民尤勤課士精簡拔一經鑒賞所造皆名士然賦性鯁直執法自遂卒取忤于時投劾而歸杜門讀書不與外事雖家徒壁立而清白之操不移嘗修邑志嚴舊刪浮一秉于正書雖未成迄今爲後事者取證祖鍊安貧好古不爲榮進善吟詠有剩吟稿故栩所著曰學剩吟云

葛焜字仲韜由貢初任岳州府通判補建昌陞袁州府同知以考滿上闕遂乞歸大父浩父木皆以名賢祀于鄉焜承先德益自修飭少有聲譽名士皆願與遊年未三十配陳氏卒即鰥處終身事母封安人潘克盡孝養宦履矢冰糵絕饋遺所至攜一老蒼頭供爨而已年七十終所著有集覽篇感世編及文集行于世又浙雅女貞編等藏于家

徐子熙字世昭爲諸生即淹貫經史諸子百家靡不精究下筆輒意高詞到不落時格衆勸其少貶益

克然自信肆力于古襟懷磊落不拘小節論議懸河慷慨激發弘治辛酉中浙江鄉試第三乙丑成進士授兵部職方司主事區畫調度有裨疆埸正德戊辰充會試同考再典武舉咸稱得人陞武庫司員外郎應制直文華殿晉光禄少卿乞詞翰者無虚日下筆千言談笑立應尤善草書至今人爭寶之事繼母孝處兄弟不私一錢臨終惟諄諄孝友訓諸子而已所著有貽穀堂集

徐子慌字世平正德己卯鄉舉初任鎮江府通判稱

能吏已補寶慶府挺正有守當道咸推薦之擢知
陸涼州有大惠於土徵立祠祀之州誌有清介之
操敏練之識等語尋改安寧州以子學詩成進士
請老歸比學詩劾相嵩廷杖幾殆公怡然不爲動
優游幾數十年凡宗黨有爭搆輒就公剖决無不
意滿年九十餘考終于家子學詩通政叅議贈大
理少卿詳忠諫傳

徐子麟字世亨薦辟徐文彪之季子嘉靖間以貢任
邹城學訓導待士有禮未朞年即乞休歸屏跡靜

坐日惟課其子姓間輯錄百家言老而忘倦爲人易直長厚以禮法自藩宗黨敬式有若古之王彦方晚雖處暗室有以事入者輒知爲某某蓋靜極彗生無藉燈燭于諸孫中獨愛如翰謂吾家千里駒壽幾百歲以子希明貴封知州將逝之夕自謂生平無一愧怍庶可含笑歸全祀府縣鄉賢

徐惟賢字師聖嘉靖甲辰進士初任工部主事監沽頭閘設義倉構鄉學皆有司所不及者轉刑部員外尋遷四川按察司僉事丁憂服闋補河南鎮頡

上值島倭刼掠移扼盱眙裁防禦事宜甚備擢浙
廣叅議分守承天景藩之國面陳紀法羣下歛戢
進四川憲副撫土獠恩信獠人畏懷陞貴州叅政
遂乞歸居家事繼母楊恭人不異所生以祖父遺
産讓弟間與一二故老徜徉溪山中瀟然忘世累
論議質直鄉人敬畏年七十八卒所著有五橋集
裔孫復儀崇禎癸未進士

徐希明字允淳子麟之子嘉靖甲子舉人初任攸縣
令以諭俗膚言教民民咸化之時吏部鄒君元標

以言事謫戍貴陽懼禍者皆避匿希明獨迎之慰勞備至人高其義倅安慶寧國皆有善政及守蘄州條救荒十議討滅叛寇有武功見崇信錄陞蘄州府同知和易近人民皆親愛及補典化法繩陸兵勤勞民事崇重儒術出其門者多名士竟卒于官居家孝友克紹祖烈所著有吹塤集

徐龍德字思成以子震貴誥贈中大夫節孝丁氏長子也德三齡喪父奇穎異凡自幼善承母訓夙夜敬共節孝遺族窘乃嚙指自誓時慘然不懌德泣

慰曰有藐孤在自能砥礪以悅親志甘貧力學文冠諸生食廩二十餘年數奇不第濱貢而卒子震官大理以節孝特疏詔旌其廬而德亦三膺封典遇覃恩誥封三代人稱至孝所感天道厚報云所著有能經講義理學奧旨完玉稿行于世

徐應豐字德中子熙之子初遊泮善屬文尤精楷書嘉靖間由儒士考選制敕房中書奉詔侍直時承晉接恩賚甚渥會相嵩怒從弟學詩劾奏疑有所授以京察罷黜一日上問徐中書安在左右以對

出特旨云徐應豐侍辦御典着留用晉禮部主客司郎中踰年竟誣以他事廷杖編民應豐素性爽直不屑治生以故讌賜賞賚悉以濟人歸惟圖書數卷而已居家事二兄若嚴父鄉有不平者片言立解人皆重之所著詩稿併刻于貽穀集

陳大經字正之弘治庚戌進士任將樂縣知縣以勤恤民隱爲己任平徭清賦養老字孤民甚德之嘗捐俸置田以祀楊時買地以拓射圃令諸生課藝之餘不廢習射爲政廉潔無私卒于官囊無餘物

士民爲位哭之請于當道入祀名宦祀鄉賢

陳大紀字勉之弘治丙辰進士初任南京大理評事以母疾不能迎養竟成鬱疾由寺正遷福建按察司僉事及聞母訃哭絶而甦抵家嘔血不止竟卒自諸生至宦成遺貲悉歸兄弟篤於孝友如此

陳洙字道源嘉靖己丑進士初選即授南臺御史由臺中出爲江西按察司僉事赫著風譽旋歷藩臬遂拜開府廵撫應天江西等處未幾晉陟南京兵部右侍郎葢一歲而三遷可謂宦達矣適值倭急

薄留都遣將禦弗克科道交章論大司馬張時徹波及洙與張皆罷是時洙尚未任罷非其罪也洙內精密而外寛和居鄉雍雍有禮憙接賢士大夫至其篤于昆弟視猶子如子逮其支庶亦必卵翼而周護之親親之恩有足多焉

陳佐字敬甫由鄉舉爲銅陵令嘗賑饑弭盜治聲大起會權相嚴嵩使者誣漁舟爲盜張其事于巡撫業恚公佐力白其無辜忤上臺意遂刻公不職免歸佐素性澹泊讀書課子之外無他好三十餘年

如一日有萬石家風

陳絳字用揚幼岐嶷不凡讀書過目輙成誦姚江謝文正公見而器之登嘉靖甲辰進士授樂平令禁㑹禮上類具有成績遷工部主事督器皿㯰省縣官費以萬計或謂以所省緡錢䟽聞否則以儲公用絳曰吾不以是博名高如前官何大司空吳鵬移牒銓曹欲久任絳竟轉刑曹郎治城旦書暇則手編呫嗶若儒生以考最出守彰德有吏藉貴人勢盜帑金以自肥絳廉知卽抵之法大忤貴人量

移青州絳殫心力爲理直指屢薦材賢竟以貴人齮齕不行僅循資調兵備寧前極邊外勢甚孤危絳以身任爲繕隍堡立屯營終其任不敢闌入撫巡咸依以爲重絳籌畧有餘益大肆力於問學所攜典籍不備假之藏書家凡有所疑議辨証并故所抄錄者類以成編名金壘子徙居金壘山麓因自號焉在寧前五年不得調丁外艱歸服闋始以宿望不能終抑一歲間三遷至左布政使尋擢光祿卿未任轉應天府尹遂乞休歸陶太史望齡論

絳所已試者十不得一而其一足以濟世如前歷

官是已所未試者百不售一而其一足以名世如

所著金罌子是已

陳縚字用章嘉靖癸丑進士垂髫時以文秇著名儀度嚴雅人望而敬之伯兄紹守韶州病歿縚方困諸生又體素弱間關數千里往迎其喪且撫訓其遺孤俾有成立筮仕兵部主事守山海關甫至備禦嚴警遼左安堵會饑發義倉繼以常俸爲粥餔之仍遺書撫按請開海運以濟御史以其議疏聞

得行暇則課衞學諸生以文且念衞學廩者徒寄

虛名爲處膳粟至今賴之晉刑部郎中病作乞歸

卒於途所著有蒲洲集其所經畫具見集中

金柽字國禎嘉靖癸丑進士除高安令以勦巨寇周

馬三功調江陰江陰近海島前令以倭夊被刑柽

未至浹旬倭圍城四十有九日柽堅守晝奇大破

之斬首千餘級自是倭不敢南向有保障碑祠召入爲

兵部郎柽平生剛直不能與世依阿會忤[illegible]相遂

出廬州教授尋遷裕州守招撫流移一千二百餘

家貲荒三千五百餘頃捐俸配耦給牛種麥岐兩
星州人祠祀焉見碑記　歷蘄郡丞濬百川以通江水
塞巨浸以遏衝潮萬民永頼詳王世貞七浦碑畧　累陞廣西
憲副時傜獞猖孔熾傷死縣官馬希武等督臣震
恐桂帥兵壓境上神謀秘算擒其首傳檄四十八
洞帖然歸化置復州縣凱奏欽加三品服俸貤封
父德昭母恭人吳沐三朝恩誥隨乞歸終養日夕
承歡桂素性廉介耿直居官二十餘年所存不過
圖書嘗自言曰吾以清白遺子孫而已及居鄉三

十餘載杜門養貞義不苟合惟閭里寃抑正色敢言畧無阿避年七十九卒士民流涕如失所依至立碑像以志不忘

倪涷字霖仲別號雨田鎧之孫弱冠登萬曆庚午鄉薦辛未計偕時江陵典試涷卷首薦以策語及時務江陵叱以爲狂遂下第歸至甲戌成進士授安福令福邑號難治涷至即修復古書院擒巨豪決疑獄與政纍纍治行爲天下第一是時江陵奪情公取彭廷憲終制疏鋟而序之忤江陵時御史傅

應禎劉臺進士鄒元標彈章相繼直聲振天下涑
與二人獨厚江陵尤致憾于劉欲中以危法涑力
爲湔洗律不得傅因貶山西臬司照磨遷同安令
是年江陵敗徵公南駕部郎僉船政會有風霾之
變詔求直言涑總條馬快船得十議議得便宜行
者可弗聞擇五議具疏大司馬郭上之隨奏許可
既而奏績中外感德遂建祠尸祝出撫州守時撫
大饑民亂涑至出市攫坐辟者三百人條捐賑十
策撫大定居五月遷淮安守大治河費度支金巨

萬乃竣一夜隄潰聞之漏已三下涑立刻檄營卒千人囊沙石抵之　昧爽安瀾咸以爲神適丁內艱扶櫬歸里服闋補　荆州荆係江陵故里羣張慓甚涑加禮倍至咸服　公長者宼爲當事所忌去職復起夔州守歲大旱暴巫不雨涑爲民請命輿病而禱大雨如注瓔在　海外多異政至今思之享年六十有六所著有船　政新書經濟管窺理學良針保民更化錄等書行　世埜白馬湖之崗子文貞公元璐繼其烈云

鍾穀字心卿號白樓天資聰穎過目成誦嘉靖辛酉舉於鄉壬戌成進士外艱服闋除刑部主事晉員外郎貴州司郎中秉持大體議獄多平反出守池州嚴保甲擒巨奸賑荒饑宣揚黃侍中觀靖難録立祠置產善政纍纍旋陞臨清兵備副使濬閘運道漕受其利忤權歸里居家三十餘年賦詩飲酒陶然自適年七十二卒子廷英中翰

徐鄰字德徵徐氏詩書易禮代多聞人獨無業麟經者伯祖忠諫龍川公擇宗俊授之毋撫鄰頂曰成

吾志者爾也年十五補弟子員壬午舉於鄉訪勒
五經科第謁選得徐州遭歲饑設廠作糜賑活萬
人稅璫陳增署彭城作威福鄰抗不爲禮悉裁供
役璫怒甚鄰操履冰潔無所齧遷鳳陽通判益相
戒毋犯直指賢之陞保寧府同知致仕歸享年八
十有三子宗孺工部員外人龍兵部右侍郎
趙仲相號愛堂幼而端凝古恪有若成人孝性天篤
父母有不怡多方將順得歡心乃已于書無所不
讀弱冠餼廩有盛名由貢遂安獲鹿兩掌教事相

先器識后文藝爲本巡方特薦陞廣東樂昌縣令縣有弊俗所鬻産雖數易主令初到必訟之枏下車首鋤其弊一縣鼓舞稱德凡訟牒多勸諭遣出毋鍰和惠簡易囹圄闃然三年政成乞休致仕民隨道餞送至數十里不忍别居家老而益恭雖遇娭賤無所忽易夏月盛暑未嘗裸袒訓子孫必動作中禮鄉人見者胥肅容歛衽四當賓筵之典年九十六未歿前三日室中奇香馥郁鄰里親戚俱聞之嘆爲遷化之瑞生三子皆有聲于庠子𣶒醇

尤至性過人色養無間昏晨治家嚴整有法里黨稱其世篤孝友焉子履祥蘓州府同知履光孝廉履元履慶俱庠生履辦應以明經入仕不慕榮進樵戸著書

徐如翰號檀燕生而穎異十歲應童子試郡守留公奇之年十三補弟子員丁酉領鄉薦辛丑成進士授行人遷工部郎督治泰昌毋后陵寢美緍數萬俱奏聞特加褒賚擢寧武道以備邊功封父母具階陞山西兵備道適總戎與巡撫不協翰力為調

和疆圉特無恐又具䟽劾方相從哲以越職言事奪官歸熹廟初起北直天津兵備道時逆璫忠賢爲母建坊諛佞者欲列翰名翰正色拒之璫母喪亦不赴吊御史梁夢環附璫劾翰黨邪害正削職追奪誥命津人遮道泣留後簡潼關道副使給還誥勅乞休致仕卜居山陰蕺山之麓常與陶陳諸君爲稽山八老賦詩飲酒自娱所著有忠孝未揚䟽藏之櫝燕山詩集祀府鄉賢

唐藩字翼明萬曆戊子鄉薦廣記洽聞耿介廉直授

贛州府推官題繁劇蕃下車即除船稅剔奸弊讞決精明鮮寃獄贛有許姓生四子後妻得艾與所私謀毒前子許不能制以死白子寃懷揭自縊撫院廨側官疑子不孝致父縊因留獄先後屢詢不能決蕃以父生四子制後妻死官廨因有寃因下問里老密訪詳鞫得後妻併所私情狀並抵死雪四子寃釋之治贛三年民鮮覆盆合誦神明以病卒于官署無餘貲士民哀思建祠肖像以祀

石有聲字拱辰萬曆己卯經元初任館陶縣復任瑞

金懋撫字循良陞南昌府同知時土寇肆掠聲勦撫有功推陞高州府知府是歲南昌大旱懋誠步禱行烈日中遇疾未及赴任卒于官署合郡戴德肖像以祀懋次子元忠以禮經中萬曆乙卯經魁

徐良棟字涵素萬曆丁酉領鄉薦辛丑成進士初任南京刑部主事慮囚每主仁慈尋轉工部権荆關有惠政繼任廣西潯州知府丁内艱補青州著惠愛聲歷任廣東惠潮副使以平賊鎮壓秀功賜金褒賚尋陞四川按察司會覃恩祖父母均受恩榮

遂致仕居家恂恂儒雅被服如寒素于景行登王
子賢書任山東德平知縣

周夢尹字莫維號襄明登萬曆癸丑進士筮仕江西
永新令縣有冤獄前後莫能讞決尹至立爲湔雪
邑頌神君後以貲某巫蠱事爲權貴陷死者十一
人尹執不允竟罷職歸里起補南陽府推官內轉
刑曹歷兵部職方郎時邊備積弛勅尹巡視九邊
錫寵諮勘合諮贊薊遼未幾大司農以兵餉不支
議加江南浙閩田賦尹力爭之爲當事所忌出補

廣西平樂道時八排猺賊爲亂身履行間六閱月
而悉平改遷廣東惠潮道時汀潮南贛流氛肆毒
踞九連山爲心腹虔撫檄湖廣江西惠潮　王客兵
十萬計之有土寇陰爲窩宅作賊鄉導尹先計密
擒而連山劇賊以次平定遂會同撫按於九連山
　地形建縣鎮平州連平展疆五百里嘉尹功
晉　四　忽以大計鐫官尹母年八十方乞終養
命　然就道戊寅再補鄖襄道部　流氛出没
尹日夜防勦多所招撫及以大計去　部楊公

留公監七省兵尹知事不可爲 養歸
奉母盡孝手不釋卷錢穀兵刑 弟不
戸屢起屢蹶居鄉政治不便民 官無隱
五而卒所著有錢公履歷數 行世
顧字一我萬曆己酉鄉薦戊進士初
德令勁直不可忤權貴 游令分闈
名士如晉江黃太稺等晉出其門轉
李辨奸察枉無冤獄晉兵部主亭時
復即掛冠歸里隱居太平山

李懋芳字國華號玉完孝友性成忠誠天篤萬曆癸丑進士初令興化弭盜鋤奸潔己守正有黠胥進金叱之胆裂有煬民以女私人自焚其廬覓他屍投燼以女死誣婿芳燭其奸叱捕密偵果獲女于所私家邑頌神明歲大旱飛蝗蔽天芳虔禱甘霖如注蝗悉赴水民樂有秋六載奏最擢御史值內艱旋里丁卯服闋入都點差巡青值魏璫燄張青厰災璫爲麾救得全諸厰廷臣皆稱厰臣功芳獨立不阿唯歸福皇上不及厰臣一字後差蘓松督

學吳中搜羅名宿靡遺鄉會得人特盛時周相擅權芳抗疏論其植黨營私蠹政害民周膽悸出芳南畿刷卷尋擢廷尉獄多平反會流氛告警山左爲股肱郡召命巡撫護漕整旅累建奇功適甫邑報災疏內有小人害君子句又忤溫相乘芳丁外艱以三事懸缺爲購首叅芳罷職出黨顏繼祖代撫封疆淪陷廷議謂芳之去留係東省之存亡交章薦推會事迫留中不果履踰年卒于家芳歷更重任累著風猷一忤奸璫兩觸權相屢受挫折撓

履益堅殆所謂薑桂之性老而愈辣者歟

丁進字印趙號匪石博學强記通達治體性理之學爲尤邃乙卯舉鄉薦己未成進士授翰林院庶常陞檢討時魏璫假子撫民僭衣命服入朝進斥之璫怒進與同官六人陳子壯林釬等首摘其奸同削籍一日六詞臣出都門京師震駭璫敗六詞臣同日召環畿輔手額戊辰分考禮闈晉左春坊經筵日講官上嘉悅賜金帛癸酉主試江南魁南宮登揆席者甚盛忤權要歸里時袁崇煥荷大帥進

逆知誇言無成功上疏論之後如其言虞驛與姚
接壤代姚郵役甚苦進上章爭之詳驛遞志所著
有性理等書行世冢子樞蔭生次子樞功武舉
樞說貢監
徐爾一字魯伯學詩之孫登萬曆戊子鄉薦任分水
教諭陞四川長壽令調繁江津會奢賊之變西川
震動總督朱公恒岳資其謀畧多所匡裨考最第
一召對慷慨敷陳敢道人所難言授工部主事益
上書言事疏中有大臣不言小臣言之句繼龍川

公先烈焉晋員外郎告歸結廬西山超然物外後

蒙恩賜祭龍川鄉人以祖孫能直諫美之子言達

登辛酉賢書

徐人龍字耳猶號亮生鄴之四子萬曆丙午以麟經魁浙榜丙辰與兄宗儒成進士登仕工部主事権荆關商人德之肖像以祀督學荆岳諸府盡羅楚才文衡得人稱最時魏閹當國決意終養家居十二年撫按上章交薦服闋起守嶺北有惠政祀名宦會舉遴才卓異奉勅監軍勦臨藍積盜提問召對

平臺超拜僉都御史巡撫登萊破燒麗船賜金五十兩御扇八柄特簡兵部右侍郎尋推戶部尚書撫淮聞甲申三月之變移檄江南中外感激後以耆望居家杜門卻埽享年七十有六卒龍居鄉雅量過人友愛昆季捐貲置祭產廣宗祠孝先合族宗人咸守其制勿替云

陳維新號赤城幼奇穎英敏過人年十八補弟子員乙卯領鄉薦壬戌成進士授翰林庶常出兵科給事中時魏璫專恣中丞楊漣發其奸御羅慘毒毋新

人袒先上疏言陛下不容不斷者十指斥忠賢端
深憾之新應出閣副王考特黜陪推不用新幾不
免虎口丁卯七月會寧錦告捷晋級太僕少卿三
殿告成再晋副都御史是時懷廟新立時事更張
諸臣起自廢籍各立門戸借口摧殘新又上國議
不容紛囂一疏大約言三案定論慈孝已光青簡
琬琰長垂白日時爭三案者皆出新亦以倒出遂
被譴家居不復仕角巾歸里偕舊游父老笑咏自
適虞邑水東注形家言巽隅羅星風氣攸聚新捐

貲慨任冉新修葺衢路減糶賑饑皆其惠也所著有文園集蓀政輯要

趙孟周號泰寰孝友天篤操履方嚴淡于榮利癸卯登鄉薦設絳帳于南園講易著書游其門者多名流丁未成進士授江西南豐知縣擇吉將赴任吏卒環侍笑語朗暢是夜忽無疾而終梁湖士人有夜行者見行車襆衣燈火熒煌如印官赴任狀衆皆奇之相傳孟周爲南豐神焉

倪元珙字賦汝號三蘭文貞公同祖兄壬戌進士初

任祁門令以才調歙魏璫時告密璫起歙奸僕吳榮許其主吳養春擅黄山利數十年及諸不法有詔捕養春遣工部曹吕下問乘傳籍其家下問暴横衆積怨憤一夕鼓譟碎部使門下問踰垣走百姓擾亂珙單騎慰諭乃定下問怒無所洩歸獄於珙忠賢復遣私人許志吉馳歙督促允志吉令下縣珙據法爭之志吉恚甚會忠賢伏誅珙以治行高等入爲御史臺首疏黄山之獄發下問志吉兩人奸俱抵罪出按江西以御史攝理兵事勦平粤

寇捷聞賜金優叙復以御史督學吳會陳時務者謂復社不除且至不軌朝廷大怒欲重創社中士珙白諸士修名矜才無亂跡柄臣以爲黨護切責謫光祿寺録事珙佐散秩心憂國是上疏云閣臣分曹擬旨無主名得逃責請各疏名得因事考核俞旨特著爲令閣擬疏名自此始遷行人司副治益邸喪歸里病卒珙表狀頎碩望若神人推誠豁然洞見心腑與文貞公同時立朝名稱奕焉

徐景麟字豹璧幼聰穎年十三補弟子員以詩經萬

曆戊午舉於鄉己未成進士授福建松溪令貞切愛民奏最陞大理寺評事恤刑北直多所平反轉建寧知府惠愛一如治松溪時適湖廣鄖襄盜横城邑不守擢麟副使分守其地調度精明警守嚴備監紀陳瑺誣陷之逮麟於獄鄖人設櫃捐貲冇上京爲麟擊登聞者上聞獲釋歸里麟性介而和與俗無忤善談笑解紛有東方曼倩之風

徐一掄原名廷英字英度薦辟徐文彪之裔也以詩經中天啓甲子科鄉試筮仕雲南寶山縣六載奏

最召對便殿授北直山東道御史出按陝西茶馬所至廉明仁恕時甲申之變賊據陝中獲掄欲官之掄誓死不屈囚長安糧署中值

興朝畧地至潼關賊潰掄微服從間道歸鄉談棋賦詩以壽考終焉祀陝西名宦

徐宗孺號南高萬曆乙卯順天鄉薦丙辰進士筮仕河南陳州牧下車崇教化端風俗政尚寛厚守務廉潔簿書之暇集州中紳士講學于先儒書院闡繹　一程教澤洗發春秋經傳旨竟日勿倦治陳三

載刑清訟簡文教蔚興州人思之勿諼陞工部員外郎卒于官

謝億號學菴師嚴子資性英敏每以經濟自期壬子登賢書諭臨安六載清潔端方多士允服陞廣東新興令省徭寬科弭盜明刑敷政一如父省菴治毘陵法五載奏績士民德之建祠祀焉陞四川叙州府同知歸里卒祀鄉賢

陳美發字木生約之之子幼奇穎善屬文遇童子試輙蹇丁卯郡守許以再試命賦題發搖筆數千言奇

麗飈異冠軍甫遊泮即登賢書戊辰聯捷授翰林庶吉士未朞月而膺榮遇咸羨慕之辛未歷檢討分較禮闈蒐羅俱名宿稱得士晉東宮日講丁外艱特恩賜祭服闋赴京轉翰林諭德時會推閣臣廷議以非祖制事寢奉勅封藩歸里病卒時年三十九發英姿玉立才藻敏給論議懸河時奎文塔傾側衆議拆建發云奎文爲虞邑水口攸關不如存舊加新旁塔爲上着時議不協事格不行至今悔不從其言

皇清

王世功字九維父誠以治河功任山東東昌府通判功幼精舉業慷慨有大志秉性孝友重然諾尚節俠長遊江淮維揚間後客燕冀總戎陳東明器重之抵山海關諸豪傑皆把臂定交遇

清朝定鼎功隨擢用丙戌授晉州知州甫下車興學校剔奸弊盗相戒不入境九閲月即舉卓異授廣東道御史旋奉

命按甘肅等處兼督臨鞏學政崇雅黜浮士風一變

次按甘州定回族土兵之變用兵得虛實法由此制勝不妄殺一人軍民悅服繼督長蘆鹽政值兵荒之餘通商安竈悉捐苛細齊維至今誦之後調補金華令功以祖籍越郡辭冢宰不允遂抵任金華婺邑自遭屠戮之後僅存焦土功首繕學宫緝官署完城垣百廢脩舉政成人和士民允服丙申首舉卓異特賜袍帽以示褒寵任金華十一載慈惠簡易婺民誦父母繼陞知州因乞休致仕卒功寬大長厚自顯膴後待親舊有恩禮處昆弟無間

言可云始終一致者矣子毓麟邑庠生

李平字秩南號孜圃都御史懋芳之孫奇穎過人天性孝友讀書過目成誦甫成童途遇一老翁仆卧橋下驚詢之知爲病憊不憚窮自控持直抵其家鄉黨即以寬大期之弱冠登甲午鄉薦己亥成進士授翰林庶常讀中秘書每遇雙月　御試于太和殿列館元午體癃瘁多病與予告假旋里築室雲門披攬羣籍究心性理之學東南學者多造其廬晉接晤談嘗至夜分不輟雖沉疴在體勿顧也

丙午詔闕授秘書院編修丁未分較禮闈得士皆名宿是年七月遇　覃恩誥封父母如其官時朝廷方重耳目之司選庶常英敏者使居諫垣首擬平得　旨命脩祖章皇帝實錄[illegible][illegible]又[illegible]館充纂修編纂史局偕共厥職積勞七閱月病劇卒于官含年三十有七平負器宏遠方以大用期之不幸中道告殞未盡經濟無不爲之惋惜焉

范澄清字晏海文正公之裔侍御宗淵之孫天爵英

敏齠年善文弱冠補邑弟子員戊午登鄉薦初任江山教諭勸課諸生登賢書者濟濟隨陞福建寧化令輕刑緩賦禮賢敬士真切愛民有古循良風朞年民謳父母時神州鼎沸遂掛冠歸里怡情泉石清天性孝友克承先志所餘清俸每分給諸昆居家甘澹薄絕跡公庭行年耄耋視聽精明登高紀勝臨流賦詩日與諸孫輩揮毫講藝若不知老之將至者又時時勸勉諸孫曰爾輩能上承祖業後先繼美吾亦可以優游暝目矣享年九十有一

卒兩當賓筵盛典子兆登汝登邑庠生孫嘉謨嘉璘嘉相嘉業俱有聲黌序丕振家聲云

葉煥字毓華御史東原公之曾孫秉姿聰穎好學工文試輒冠軍丁卯登鄉薦初任潯陽德化縣教諭講道衡文士風丕振陞鳳陽府泗州知州廉明惠愛咸頌幷崇不衰居鄉謙和恭慤咸敬慕之兩舉鄉飲大典享年七十有九

上虞縣志卷之十五終

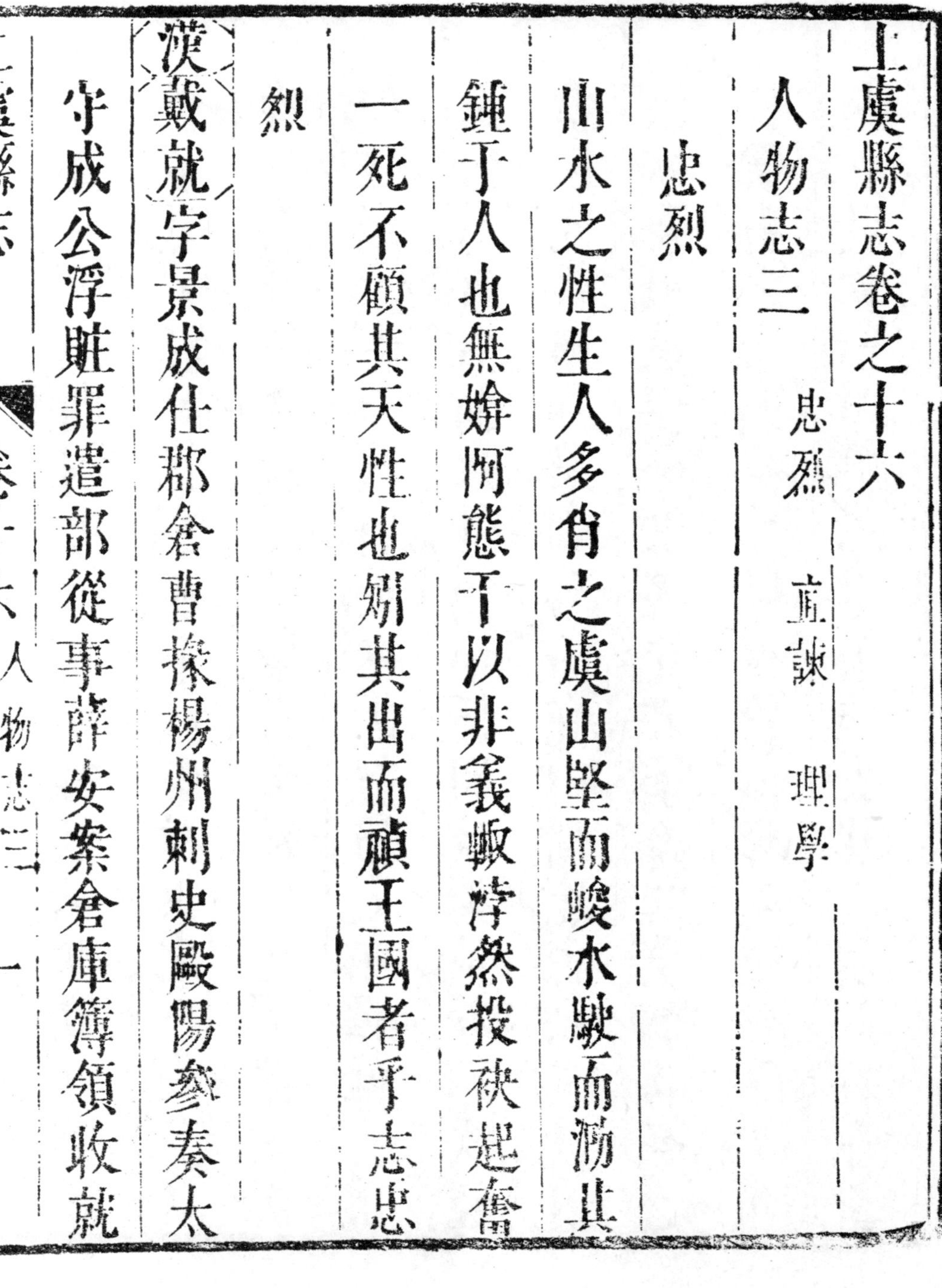

上虞縣志卷之十六

人物志三　　忠烈　直諫　理學

忠烈

山水之性生人多有之虞山堅而峻水駛而湍其鍾于人也無婞阿態于以非義輙悖然投袂起奮一死不顧其天性也别其出而禎王國者乎志忠烈

漢戴就字景成仕郡倉曹掾楊州刺史歐陽參奏太守成公浮贓罪遣部從事薛安案倉庫簿領收就

于錢塘縣獄幽囚考掠五毒備至就慷慨直辭顏色不變王者卧就覆船下以馬通薰之一夜二日皆謂已死發船視之就張目大罵曰何不益火而使滅絕王者以狀白安安謂就曰太守罪穢狼藉受命考實君何以骨肉拒扞耶就據地答曰大臣當以死報國卿雖銜命固宜申斷冤毒奈何誣枉忠良强相掠理令臣謗其君子證其父就拷死之日當白之于天令羣鬼殺汝倘獲生全當手刃相裂安壯其節即解械更美談表其言詞解釋郡事

徵浮還京師免歸鄉里太守劉寵舉孝廉仕至光祿王事

晉嵇紹字延祖康之子以父得罪幽居杜門山濤薦于武帝詔徵爲秘書丞紹始入洛或謂王戎曰時于稠人中見嵇紹昂昂然若野鶴之在雞羣戎曰君復未見其父耳裴頠亦深器之每曰使延祖爲吏部尚書可使天下無使遺才矣惠帝復祚遷侍中嘗詣齊王冏諮事遇冏燕會召董艾等共論時政艾言于冏曰嵇侍中善絲竹公可令操之左右

進琴紹推不受冏曰今日爲驩卿何若此耶紹對
曰公匡復社稷當軌物作則垂之于後紹雖虛鄙
忝備常伯腰紱冠冕鳴玉殿省豈可操執絲竹以
爲伶人之事若釋公服從私宴所不敢辭也冏大
慙艾等不自得而退及朝廷有北征之役天子蒙
塵王師敗績于蕩陰百官侍衛莫不潰散惟紹儼
然端冕以身捍衛兵交御輦飛箭雨集紹遂被害
于帝側血濺御服天子深哀嘆之及事定左右欲
浣衣帝曰此嵇侍中血勿去

謝邈字茂度性剛鯁無所屈撓累遷侍中時孝武帝酺樂之後多賜侍臣文詔詞義有不雅者邈輒焚毀之他侍臣被詔者或宣揚之論者以此多邈後爲吳興太守孫恩之亂爲賊所執逼令北面邈厲聲曰我不得罪天子何北面之有遂被害

謝琰字瑗度安之子以破苻堅功封望蔡公右將軍右僕射時孫恩逃海島朝廷憂之以琰爲會稽內史都督五郡軍事賊至琰敗績與二子俱被害詔以琰父子隕于君親忠孝萃于一門贈琰侍中司

空謚忠肅三子肇竣混肇歷驃騎參軍峻以琰勳封建昌侯及没于賊詔贈肇散騎常侍峻散騎侍郎混别有傳

宋豐治禮部尚書清敏公稷之孫建炎中高宗駐蹕淮陽金人入境時治監轉般倉死之紹興十一年詔褒其忠錄子諳爲將仕郎

劉漢弼字正甫昌齡子其先金華人十世祖仕吳爲殿中丞左遷象山令道上虞因家焉登嘉定七年進士用大臣薦入館時理宗欲勉勵以學詔

皇后宅置講官漢弼首被選慨然嘆曰三館清流出入貴戚之門豈惟辱其身是辱其官也力辭不就詭說書崇政殿黙寓規諫爲上簡注擢監察御史入謝上獎諭曰以卿純實不欺故此親擢時宰相史嵩之引拔私人有列要途葉賁濮斗南皆其腹心公劾之不少貸疏留中不出遂抗章避位東歸嵩之專恣日甚上亦患苦之曰漢弼正色不撓是可屬任者以太常少卿召之時臺諫劉晉之王瓚胡清獻龔基等揣知上意將有易志亟請寢漢弼

新命上怒逐四人擢漢弼左司諫兼侍講復除侍御史首疏五事且謂權臣以父憂去謀爲起復一時臺諫旣不能發一言反忌言者時執政金淵從官鄭起潛濮斗南而下八人蠧害朝政悉擊去之又論馬光祖奪情總餉實嵩之預爲引例之地切中其奸又密奏二疏乞令宰臣終喪早定相位至引漢王氏晉賈充爲喻言甚剴切上將大用之竟以戶部侍郎卒贈中奉大夫勑紹興府給喪事御筆賜土田贍其家謚忠公表所居坊曰忠諫廕子

怡爲婺州太守祀鄉賢

趙良坦字平甫號平心宋楚王元佐十世孫寶祐二年擢進士知永嘉瑞安福清並以廉介名會吉廣二王走閩中改元景炎以良坦爲軍器監贊軍事於是募兵守禦大兵南指力屈就擒帥脅之不肯降拘獄中二年作書付其家曰誠令三載無愧於心守節二年不屈於敵只因忠義二字累及老稚一門帥歸自南泉詰其不屈之狀則曰生爲宋臣死爲宋鬼速求一死遂欣然就戮人皆壯之祀鄉

賢子友沂以學行聞

趙良坡字深甫良坦兄宋咸熙乙丑進士官守衢廣州爲元兵生獲欲降之不屈元將義之放歸隱西溪雪水稱雪水先生踰年元將思其賢復索而得之欲薦於朝良坡終不屈怒目詈罵元將令左右抄之良坡大呼曰我得死所矣遂伸頸受戮顏色自如其子友直同榜進士聞難泣血冒刃歸櫬瘞西溪湖畈牛山廬墓終隱焉所居有觀藤亭戒子孫世勿仕元其子季忠季恕隱居不仕後至正間

有舉艮坡鄉賢者二子不從曰吾祖生既血食其祿歿豈享其祀哉有祖父遺風焉

明謝澤字時用永樂戊戌進士授刑部主事考獄精審獄無冤滯同列皆服其詳慎會戶部侍郎周忱經畧東南理賦薦澤爲己副居推御數年勞績茂著遷廣西右參政佐柳侯征蠻招撫全活者以萬計當是時澤與御史胡智皆以藩臬有聲人稱越中三良云正統十四年北虜犯邊朝廷擇才望守要害時賢臣有受命者巧爲規避而澤以九載考

績待除闕下遂拜澤通政使提督居庸白洋等關是時駕巳北狩京師軍伍空虛澤單騎以往其子儼送之出境執其手訣曰吾必以死報國矣既抵關上士卒方散亂不知通政爲何官無一人出迎者澤乃宣勅旨將士稍集然皆懊怯不振頃之衆寇大入吏卒皆散走獨澤猶率羸兵數三百且拒且郡或請移他關姑避其鋒澤曰吾受國恩三十年此豈偷生日耶會風起沙塵漲天人馬不能辨得郡走入關南佛寺中門急猝不得閉寇突至澤

倪元璐字玉汝號鴻寶涑之子年十七舉於鄉天啓壬戌成進士改庶吉士授編修時逆璫竊柄朝上風靡元璐介然獨立崇禎改元璫伏誅羣小猶據津要淆亂是非元璐抗章辨邪正糾楊維垣黨遂空斥三朝要典誣善宜毀國是始定遷諭德供事講陳制實制虛十六策斥輔臣不能引咎懷恥秉忠絕欺柄臣深憾之及遷祭酒卟以家事罷歸十五年寇益熾詔起兵部右侍郎亟辭會京師戒嚴遂毀家募士仗劍至淮欲率勤王兵而北不時至

乃將數十騎衝險入都上異之即日召見元璐陳彼己情形勦冦方畧甚悉上嘉悅補日講時中外想望風采陳演居首揆慮元璐一旦至密勿形已因進曰天下不治由兵農不合合則必治上然之擢元璐戶部尚書馮元飈兵部尚書元璐奏司計本謀一日實做一日大做一日正做退而清邊儲合三餉折上供更鹽法生節並舉天下便之時上方任中官遣王坤督催起運孫元德採買柔襪元璐俱以驛騷闖左請收成命上為反汗時又盛議

閉糴元璐言自神廟時礦使爲禍海内寃痛今所在盜起羣心動摇臣誠不敢奉命不納于是執政官交嫉之乘間言詞言不任錢穀勸上輟還講幄上難之已而詔計臣元璐以原官供講名而不姓蓋異數示意爰立也甲申二月講生財有大道上疑諷切詰曰今邊餉匱絀生衆爲疾作何理會元璐徐曰聖明經權互用臣儒生惟知藏富於民亦不謝翼日上惕之名輔臣諭曰講筵有問難無詰責昨日偶爾朕之過也傳諭講臣啓沃如故其

禮遇如此賊入秦申河防三議請東宮撫軍而南不聽三月十九日都城陷束帶向闕北謝天子南謝母舉酒酹關壯繆繪容亦自浮三白出就廳事援筆題棐几曰南都尚可爲死吾分也勿以衣衾斂暴我尸聊志我痛遂南面坐自經而絶賊至問公安在則陳尸於堂歎息皆羅拜呼忠臣而去南都立國贈特進光祿大夫太保吏部尚書謚文正予祭葬祠廕順治九年

卹明季殉難忠臣十五人禮部引明卹元臣福壽之

俱贈仍明舊遺官致祭從之仍於各原籍賜地七十畝春秋永祀元璐追謚文貞十年

諭祭故明戶部尚書兼翰林院學士今謚文貞倪元璐之靈曰文章華國節義維風有一於此歿有餘榮維爾元璐遺時不偶爾骨欲寒爾名不朽不朽維何文山之謂似爾正氣伊誰較多爾才鬱勃砰磅江左弱歲聯翩赤墀青瑣再任成均德重型尊暫蹶復振主眷方殷司農告匱命爾擘畫無米胡炊與時同蹶冦躙都門絲絕柱崩君死社稷而爾死

君鳴呼衣裳楚楚結纓不苟附髯攀鱗喜隨君後泰山鴻毛死爲重輕疇能似爾不媿科名地有河嶽天有日星爾名並垂振古如生特隆諭祭尚其歆承

其　賜地屢經　院　司　府行文會稽縣查核足數　康熙四十一年奉　院　司　府行文縣令張珣捐俸刋補

猖獗所過城邑望風披靡寇隨攻南陽愉堅守月餘兵卒皆罷敝一夕寇忽解去愉計賊叵測當復來登陴執戈列炬鼓勵士卒至五鼓賊絕城而上愉奮力持刀殺賊賊衆擁至愉被執至死罵不絕口事聞贈太僕寺卿蔭一子巨儁入監

趙德遴字公銓號端明甲子應天鄉薦崇禎庚辰任四州東鄉縣令邑隸夔門爲賊淵藪出没無寧歲遴糾合官兵備具守禦誓與城爲存亡乙酉四月賊率衆圍城遴連發銃弩中賊死賊憤甚夜掘地

道而進城陷遂知事不可爲遂投西街井而死尉
王佐從井中收檢遺骸獲佩刀衣玦淺葬西郊元
妙觀側子振芳奔奉骸骨以歸振芳任建寧府同
知

傾日字君輝初授四川重慶府永川縣丞仁慈豈悌
士民咸德之崇禎甲申流寇蜂屯旦署篆永川倡
義固守誓以死殉生擒僞將何湛元等城賴以全
隨叙功陞成都府銅梁縣尹獻賊切齒蝟兵環攻
銅邑旦晝夜撫巡多方設備堅壘數月糧盡援絕

城陷被執駡賊不屈遂死之時方酷暑被難旬日面目如生鬚髯戟豎賊驚以爲神相率羅拜而去兄冤同子簡範保眷永川聞難奔赴扶櫬歸葬若旦者可云以死守官不苟食祿者矣

徐至美字羽君少孤事母以孝行稱慷慨有大志善騎射登崇禎甲戌科武進士初授杭州羅木營東大廳守備時遇奇荒餓莩仆道美捐俸煑粥全活無算宗戚鄉黨中有孤貧者分俸給養之旋陞湖廣操捕都司蒞任甫月流寇張獻忠圖武昌美分

守黄鶴樓一帶賊勢猖獗美率敢死士晝夜力戰身被重傷而死美克全大節以身死國可云皎皎錚錚者矣長子福謙邑庠生

直諫

韓子曰勁法之士與當塗之人不可兩存之仇也當塗之人擅事要而勁法之士不憚析肝瀝膽以繩其外自非忠貞天植能爾乎此即得一士猶難而近覩虞邑是何湊合之奇也志直諫

葉經字叔明嘉靖壬辰進士授福州府推官丁父憂再補常州凛有風裁召拜御史時禮部尚書嚴嵩受諸藩賄濫予封爵抗疏劾之實欲杜其入相也嵩既切齒後復列其十惡尤深憾之已而按山海

關按壁行營將吏竦慴癸卯再按山東會中丞王副使冐築城功輒自建祠據法毀之不少徇東平有倚書千橫州里立捕治抵罪遠近肅然是年以監臨典鄉試發策以北兵内侵禦應失當封爵冗濫征求四出財竭民困爲言錄上以語含譏訕下禮部議嵩因摘錄中有云繼體之君德非至聖作聰明以亂舊章好自用而不能任人皆涉毁謗貼許以聞械繫拷治擬以大肆譏謗無忠敬心詔午門外杖八十爲民遂卒於道先是御史楊爵以封

事獲罪下錦衣獄同輩多逡引避禍經獨遣問不絶及繫獄爵使人覘之兀坐不動卒時年三十九爵爲著傳于獄中隆慶改元遺詔復原官贈光禄少卿祀鄉賢錄其子志周爲詹事府錄事淸介有父風嘗遇省郎守還徐生遺金署廳印謝却給劄例銀亦以忤當道出簿瘴地而卒

謝瑜字如卿其先僉事肅通政使澤皆名臣瑜登壬辰進士令潮城績甚著召拜南道御史時武定侯郭勛建議請復天下鎮守鉗制百官瑜劾勛妄肆

極言正德中閹官無收司禮劉瑾及於内鎮守畢
真劉朗及于外覆車可鑑上雖不遽斥鎮而鎮守
之議竟寢海内賴之尋轉北使雲貴核兵籍四論
兵部尚書張瓚副都御史党以平貪墨無賴又論
禮部尚書嚴嵩奸佞大學士翟鑾伴食刑部尚書
周期雍餙非自固於是相繼罷去惟嵩得入相瑜
自雲貴還臺長稱爲古之遺直薦留雲南道嵩惮
之百計要結且啖以美官瑜掉頭不顧山按回
聞遑警疏曰堯舜誅四凶而天下率仰今之四凶

郭勛胡守中張瓚嚴嵩是也陛下已誅其一二矣何不盡屛逐之以全堯舜之功乎且極陳邊事大壞狀而上不之罪嵩益欲甘心焉瑜以母老乞歸未允而嵩乘京察除瑜名瑜歸日奉母怡怡盡懽不躡足公府謁有司自誚狷介扃其居曰狷齋然其中實坦坦使人可親世廟登遐遺詔錄言者未及拜命而卒年六十有九後御史周弘祖輯嘉靖間章疏特請于廟贈太僕寺少卿四川通志云公正有體卓特風裁聽賢修志丕闡文獻

陳經字用光嘉靖乙未進士任廬州府推官以廉能徵拜南京監察御史崇明有海寇留都震動劾罷武臣若干人賴以底定嘉靖壬寅八月分宜拜相首抗疏論之其畧曰臣嵩外為謹飭中存巧詐内無可否事多依違兢奔趨而賤名檢崇文飾而鮮忠誠至其昵匪人贖貨賂各有指實恐其承命之後滌私未盡故態復生輔臣係師表百僚之任如嵩者庸劣素鄙於搢紳識度見輕於士論以之列豈具瞻將何以風厲天下羽儀羣工昔唐楊綰拜

相京兆尹臧駱從郭子儀撤坐中聲樂司馬光拜
相遼人戒勅邊吏慎無生事開邊隙嵩之被命果
有是耶伏望收內閣成命别選碩德重望以克斯
任則宗社幸甚天下幸甚未幾邊境告急又上章
直刺嵩嵩益啣之遂出知韶州府至郡搜吏弊䘏
民隱靡不殫心時苦徭役紹爲裁冗均費民悉稱
便暇則捐罪贖以修郡堂及古墓祠宇簡七校士
置師于濂溪書院而館穀之歲乙巳大饑發粟賑
濟曲江英德西接連州英德熟徭負岩而巢乘歉

肆掠則編置徭官約束使不敢寇民乃無恐歲久旱日事雩禱感病危篤聞雷雨聲復張目問民間事竟卒紙贖悉置于庫藏郡丞程鐸見而欽服檢署中止遺書數篋而已部民哀之爲祀於名宦見廣東通志後邑令朱維藩讀紹南臺論分宜疏稿以爲得呂獻可之先見因成長篇以贈甌東項喬謂紹潔巳節財著之私錄祀鄉賢紹卒時妻孫年方二十有五承歡撫孤及諸孫皆有成立歷四十餘年貞淑如一門爲鄉里所重

徐學詩字以言嘉靖甲辰進士授刑部主事方學詩攝縣刑獄時淫雨暴漲諸囚內苦舍傾連繫無所避而外憂食不時入哀號自分旦夕死矣學詩爲嚴其防而寬其械分市椒餅以濟之越數日囚無一傷與脫者尋晉本部郎署當是時相嚴嵩父子怙寵黷賄日貪緣上所嬖幸鉗擊言者天下咸以言爲諱庚戌秋北兵突騎薄都城而所分布要害之帥尙以賄置會有詔求直言學詩遂具疏歷數嚴氏奸利事其畧曰臣惟外攘之備在急修內治

內治之要貴先端政本竊見大學士嚴嵩位極人
臣職司政府奸險莫測賄賂塡門民貧軍削攘戍
寇患如嵩者正宜剷往更新捐軀報國何謬引老
子佳兵不祥之說以漫清問且子世蕃狡鷙擅執
父政凡票擬密經其手故勅旨未下而世蕃即以
宣示於人又嵩權柄足以假手下石機械足以先
發制人勢利足以廣交自固乘機搆隙足以示威
脇衆文辭便給足以飾非強辨揣摩精巧足以結
當路之歡心而緘其口以故天下之人視嵩父子

如鬼如蜮瘠心疾首敢怒而不敢言者誠畏其陰中莫測也伏乞皇上諭訪參論如果臣言不妄將嵩父子並賜罷黜別簡忠良委任責成庶華必周化内順治而外威嚴何敵之足患哉疏上上爲感動將發嵩父子奢無所出賄囑方士陶仲文爲言嵩孤立盡忠學詩特爲其所私報怨耳復逮學詩錦衣獄箠楚備至學詩慷慨不少摧挫尋放爲民歸則日侍父安寧公優游泉石曾無佗係于中而潛思力踐不以一節自多也時浙中方苦徭役直

指龐公尙鵬議條鞭延公解中三閱日而定須行浙中民賴以甦與有力焉世廟上賓遺詔䘏錄諸言者超拜南京通政司右叅議報至日方與客對奕終局始罷人服其雅量至官踰月卒士論惜之撫臣趙孔昭特請之於朝贈大理寺少卿祀府鄉賢崇禎丙子年部遣官諭祭

理學

夫理學之士顯爲功業抒爲文章挺爲節義盖一以貫之者而端門獨盛則宋濂洛關閩始也虞自紫陽先生弭節講學於斯動以年歲一時師友漸劘而淵源其緒者殆不乏人可無標舉以存鐸響平志理學

宋潘時字德卿世家金華少養于叔父待制默成與莊簡李光爲道義交故莊簡以女妻之因家上虞時端方温雅學問氣節爲一時冠至袁州分宜簿

監兩浙運司船塲改知興化軍以治才稱歷浙西提舉入名宦祠治績見杭州府志後爲廣州經畧湖廣安撫尋除郎中改直顯謨閣方莊簡爲秦檜所排投棄嶺海時毅然相其家事始終如一爲監司帥臣風采振厲揚文章政事篆隸楷法皆極其妙年六十餘卒元至正間祀鄉賢長子友端由進士爲太常博士從張栻遊次子友恭爲江淮宣撫幹官時建月林書院延朱熹相與講明性理之學並以文學著

孫邦仁字肓伯宋觀文殿學士其先餘姚人祖杲自

姚遷居虞之西溪湖傍邦仁與侄應時宜教郎王管楚目帥俱留心理學嘗構亭于左右山巔曰富春亭治平中徽國朱文公遊始寧過訪焉相與契洽遂寓其家註書考證講學于亭上文公所著大學中庸章句或問有叅訂之功焉至明時其系有諸師曾者嗜學好古緯有祖風與盧同范仲達盧英以文詩相切劘吏部郎中葉公祇作富春亭記以彰不朽見林希元西溪湖賦

劉漢傳字習甫忠公漢弼之介弟也少孤力學弱冠

貢于鄉以祿弗逮親絕意于仕進沉潛伊洛之旨往見雲源何先生得建安二蔡易洪範之學先生大器之特授以微言妙旨且勉之仕年四十六始擢進士壬辰之黄梅簿遷監都進奏院陛對條列廣聖學闢異端伸直氣恤民隱四事遷司農丞守南康知吉州皆有善政及兼江西提舉特長江失險元兵逼郡境臨江高安人心震恐漢傳嚴設警備練精鋭遮要害境内賴以安下璽書嘉獎除直寶謨閣尋知處州累遷兩浙運使吏部郎官典尚

書右銓進司農卿皆力辭自是閑居十一載嘗著
止善集通鑑會評洪範奧旨若干卷臨終索筆書
始終大槩遺二子自號全歸居士詩曰生爲宋臣
死爲宋鬼樂哉斯丘兆足行矣遂瞑年七十六卒
王應麟爲撰墓銘弟漢儀用特奏爲明州教授調
鄞縣丞亦授學於何雲源先生得建安蔡氏之學
能深究體用以所自得者著止善篇與兄漢傳並
祀鄉賢

明 陸淵之字克深成化丙戌會試第二選翰林庶吉

士授禮部主事會尚書陳文卒謚莊靖不合輿論乃引司馬光論夏竦事劾之直聲大振出知叙州歲大侵發粟賑饑郡多淫祠毀之以祀前代之賢者諭民孝享其先不宜崇惑靡費暇則進諸生講明理道興起甚衆寬徭省訟四境大治郎白羅上民亦帖然向化叙人至今俎豆之後參政河南進右布政使卒于官同寅檢其篋笥得俸金二一觔他無長物先是以詔科道會薦天下賢能推淵之第一方將召用而不待矣淵之篤行好古累積詩文

善草書居喪不出戶家無宿儲或干以非義堅拒不納部使者移檄爲建坊渊之堅却之曰取鄉里膏脂以爲己榮於心安乎其狷介如此所著有東皐集八卷行於世祀鄉賢

潘府字孔修號南山自爲諸生讀濂洛諸書即慨然有志成化丁未會試第三時憲宗賓天敬皇踐祚哭臨二十七日禮官請如制易服敬皇素服如故朝臣服吉者皆趋出易素服百日又如之禮官堅請從吉府毅然抗疏勸行通喪其畧曰仁莫大于

父子義莫大于君臣子爲父臣爲君皆斬衰三年仁之至義之盡也堯舜以來自天子至庶人率用此道漢文帝事不師古遺詔短喪景帝苟從綱常隳地晉武帝欲之不能行魏孝文行之不能盡宋孝宗銳志復古易月之外猶執通喪然能行于上不能于下未足爲聖王之達孝也憲宗皇帝奄棄四海臣庶含哀陛下至愛由衷痛切肝肺柩前即位三請始從麻衣視朝百日未改此一念天理之發也伏乞力排羣議斷自聖心定爲三年之喪詔

禮官博士參考載籍使喪不廢禮朝不廢政合于
古不戾于今行于上可通于下則大本以立大經
以正子化于孝臣化于忠使天下萬世仰爲三綱
五常之共主顧不偉哉劄切數千言覩友疑懼沮
以明祖訓勸行三年喪者斬府不聽疏竟上哀經
待罪詔輔臣看詳並泥成説禮部侍郎倪岳獨贊
決之定儀注三年不鳴鍾鼓不受朝賀朔望宫中
素服朝奠梓宫發引府獨衰經哭送衆皆目之由
是敬皇孝德感動中外而府名重海内矣出知長

樂五年有惠政遷兵部主事陳軍民利病七事丁父憂服闋補刑部值旱蝗星變北兵深入孔廟災上內修外攘以謹天戒疏又上救時十要凡所陳並關國體切時宜多見採納以母老乞南改南兵部歷武選郎中宿弊盡洗尚書馬文昇掌銓衡素知其賢拜廣東提學副使奉母以往值歲大比考校嚴明士習丕振時滇南晝晦七日楚婦人鬚長三寸上弭災三術疏不報尋以老母乞歸命未下輙舁板輂就道僚友追餞嘖嘖稱盛事歸無何母

卒會逆瑾亂政遂堅卧不起嘉靖改元臺省交薦
進太僕太常少卿皆不起兩上疏謝因言修明聖
學及中興治要惓惓忠愛老而不衰卜居南山闢
南山書院聚徒講學遐邇向慕布衣蔬食冲然自
得足不入城市惟修正五經四書傳註及周程四
子之集參互考訂凡爲書二十餘種所著素言事
類蒐傳誦之嘗識董文簡玘于髫年妻以女及文
簡已貴顯猶以未滿所期爲嘅歿年七十三部使
者請于朝特賜祭勅有司營葬益異數云祀鄉賢

俞繪字本素天性孝友崇雅黜浮心專濂洛之學由景泰丙子鄉薦授歙縣訓導憲廟時翰林羅倫章懋以劾時相謫繪上疏請罷已官以留二人朝宁壯之陞崇陽教諭先是崇陽素乏之才繪正已率人嚴立課程加意造就自是人才輩出科第相望嘗應聘廣東考試有懷金賄之公却以詩曰積德傳家福慶深黄金難動試官心青雲不是人情路好向窓前惜寸陰又嘗貸馮生金比償時馮以物故其子珏云父未嘗貸且無券固辭不受公曰無券

者以而翁知我也我不償則負翁知且負我心矣

乃文告其墓卒償之歷開封府教授並有賢譽歷

官三十年終於教職崇陽士人思之祀名宦虞人

祀于鄉賢所著有聞道錄井天集

徐子俊字世庸夙慧絶人讀書目數行下九歲能文

戚以奇童稱之十三補邑庠生正德丙子丁丑鄉

會連捷時方十九慷慨有憂世志以外艱歸廬于

墓所屏跡不入城市立心制行皆以聖賢自期服

闋閧武宗部南巡草疏欲上會暴疾卒尚未婚資

志以殁爲世痛惜潸太常府吊以詩云天分由來
出近眞希顔有志已知津如何造物於人忌更比
顔年短十春

上虞縣志卷之十六終

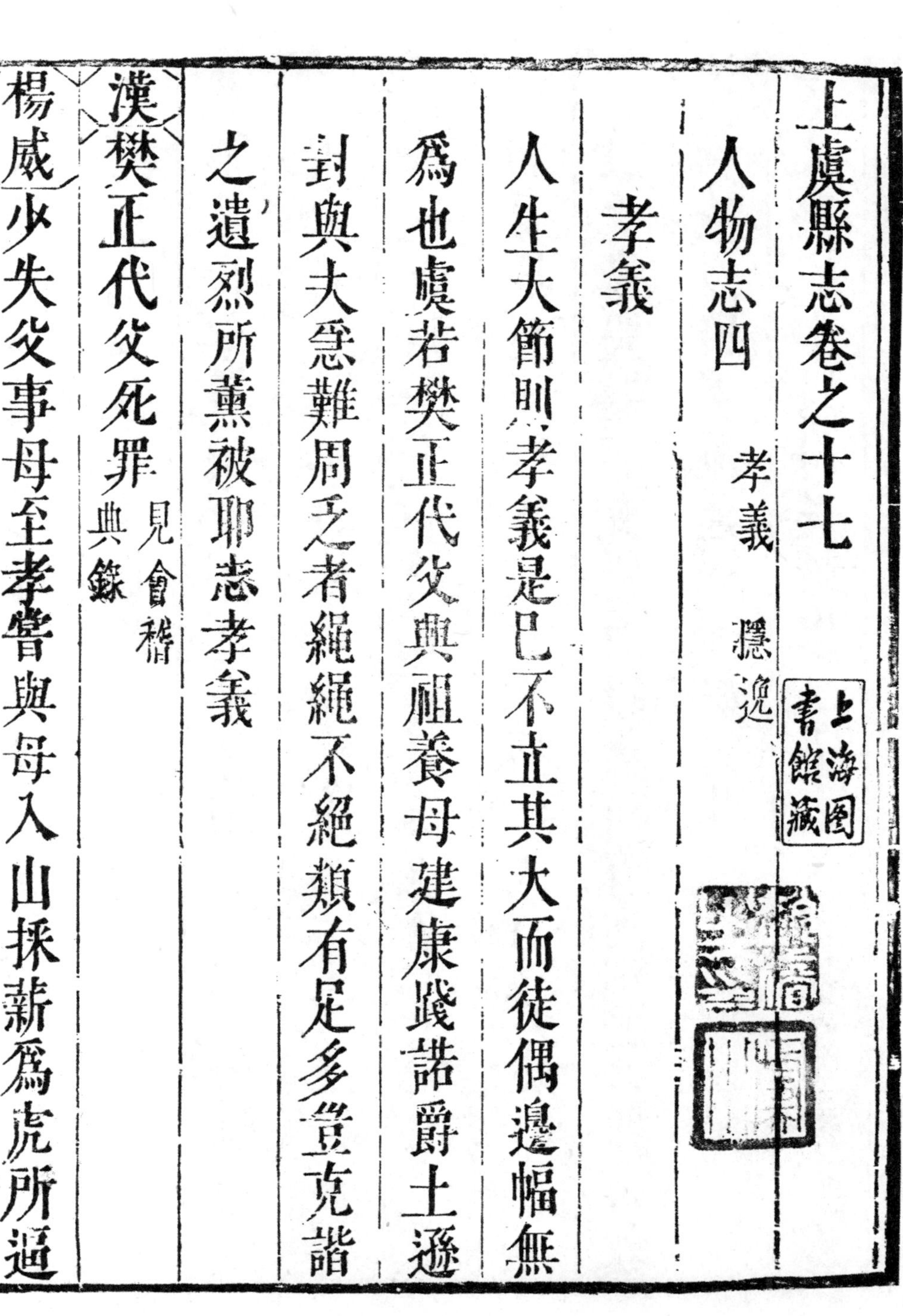

上虞縣志卷之十七

人物志四　孝義　攟逸

孝義

人生大節則孝義是已不立其大而徒偶邊幅無爲也虞若樊正代父與祖養母建康踐諾爵土遜封與夫急難周乏之者繩繩不絕類有足多豈克諧之遺烈所薰被耶志孝義

漢樊正代父死罪見會稽典録

楊威少失父事母至孝嘗與母入山採薪爲虎所逼

自計不能禦急抱母且號且行虎見狀弭耳而去人以爲精誠足格猛獸云

北齊杜棲字孟山京產之子善清言京產請劉瓛至山舍講書棲躬自屣履爲瓛生徒下食遂辟從事書佐爲國子學士以父老歸養棲體素豐及父病旬日間遂至骨立父亡水漿不入口者七日既殯晨夕痛哭輒嘔血絕而復蘇何胤謝朏並貽書敦譬戒以毀滅淹延祥禫夢見其父一慟而絕

宋錢典祖字國村吳越忠懿王之孫自父節家上虞

興祖少穎成人長探理學事親孝母疾二年不愈醫藥且匱不惜膚體及終貧不能葬孺泣者五年既葬有白鳥千百集墓木二大鶴巡行墓旁百日而後去人以爲至孝所感

趙善傳字商弼宋楚王元佐六世孫建炎初年十六隨父武顯之官池陽道遇寇執縛武顯曰歸我金帛可免善傳以身蔽之語賊曰寧殺我勿傷吾父賊揮善傳數刃衣裂而體不傷賊曰此孝子釋之而去善傳嘗謂人子不可不知醫集古方書盡得

其要後薦起知明州遂卒弟眘信清苦自立官至監行在車輅院

明

俞正儀性戆直母病革百藥不效或曰取肝作羹能愈儀設壇焚香祝刀于天割右脇取肝廣半寸長三倍調羹進母飲之病稍退逾旬終卒儀無恙考宋黃章取肝救母吳祥取肝救父眞西山謂能聖經所尙然孝心激烈忘身殉親非天植其性非爾乎

陳理字裕之性至孝事父衡備盡孝養衡宦任萬載

丞年八十有六病篤理籲天身代時仲冬渴思鮮李理在圃抱李樹哀號竟日忽樹梢一李大如甌赤如日歡呼進父啖之頓生津液病愈昔卧冰魚躍泣竹笋生皆緣孝格感獲李秋圃非孝格不至此縉紳先生詩歌盈百備載瑞李圖

薛廷玉天性至孝于父母克盡子道雖博學善文絶意仕進家居養親日嘻吾以是終矣湍湍翼翼二親前勢利泊如也母嘗患風攣趾步莫移即溲便躬自扶持之時刻在左右母殁哀毁殊甚不數月

復喪父葬祭一不踰禮廬于墓側行臺御史慶童
公知廷玉事親無間生死作孝思二大字嘉之孫
常生登進士歷官吏部郎中至孝如其祖母夫人
疾晝不進食夜不解帶至欲以身代嘗扈駕北征
有餽餉功臣恩及親色喜甚有老僕知其庶生子
也生母早喪嫡母養之乃言曰主亦知有所生母
夫人乎備言其狀即驚哭仆地遂設主奉經晨夕
哭奠如初喪竟感疾卒婺薛氏稱世孝云
杜樗年七歲念父遠遊不歸朝夕思慕讀書過父母

之句輙飲泣不能讀里閭念之及總髮婚甫彌月求母模父像徒步訪尋至雲南金齒驛遇其父奉事未幾父卒櫬痛旅櫬難還晝夜悲號哀慟新昌梁某携之以歸舟過鄱陽湖風濤大作幾覆櫬抱父櫬跪禱號泣頃刻波恬浪靜乃克歸葬母徐患瘋症手足躄舉櫬與妻肩舁出入雖處窮約務得其懽心母歿時櫬年已七十猶廬墓三年喪畢嘔血暈地而亡人稱爲杜孝子

聞思嚴庠士博學能文尤篤孝行母病思雀雀輙飛

入入山採藥遇虎虎避人謂孝感所致已而母亡即絕欲茹淡苫塊三年不出戶至痛哭喪明鄉閭敬而哀之其子耆蚤喪妻不復娶矢志終身幼子熹貧而能守可以槩家風矣

姚鏜成化丙午舉人授政和縣教諭天性孝謹而父治家嚴厲每承順得其歡心嘗偕父客行遇刼盜父被殺從者奔散鏜直前赴救抱持哀號盜併刺其腹腸出膜外血濡脛猶不釋人甚傷之其後孫翔鳳登進士

徐敎業、倫恂恂有志操，母老以貧故不能不外就館

穀。一日母卧病瘦，敎懷梨十四枚以獻。詰曰：「敎自

館歸，獻梨如數。」母啖之，病旋瘥，人謂孝感所致。嘗

與弟文彪訂宗約，行家禮，家人服習，鄉閭向化。所

著有拱北稿及地理辨說。子子恍，孫學詩。許本傳

徐子行，賦性至孝。父文彪徵辟，行守家。彪上策忤旨，

謫戍鎮番，兄子奎、弟子厚尋父流沙萬里外，行事

大母劉氏、母姚氏，曲盡孝養。流沙音問至，舉家慟

哭，行每絕而復蘇。父赦歸，捐貲佐父立宗祠，置義

田義學贍鄉贍族賑饑恤死施棺掩骼鄉人咸誦其德享年九十有六三舉鄉賓郡侯湯公表其門曰孝義子希張太學生任雷州府佐

孫子恒敦之季子性純孝親没廬墓檟燕山塚中表陌無不感生枝葉人多異之捐貲立祭產義倉賑施貧乏梟司殷公宗儉勑縣建坊曰孝義里

陳烟　玨之子陳獅祉之孫玨素行善良家頗豐裕一夕被盜有誣鳴官盜黠毀贓反坐繫獄負冤莫雪値柘臺渡江烟介控號呼曰我以死白父冤遂投

江隕命坰子獅年甫十三聞父變以祖匌負雪父命隕江何以生爲乃孤身覔父屍哀慟不徹晝夜隨祖旺獄中納饘橐周旋備歷危苦會郡侯夜夢神示因搜牘見旺一案察其冤抑祖孫得釋庶天鑒孝子慈孫以蔭啓郡侯者裔孫約中天啓甲子科舉人美發戊辰進士翰林諭德旺坰獅竝祀鄉

曹同德字同野賦性仁孝事父大化問寢視膳曲盡孝養偕胞兄元生嫡侄之參怡怡聚順一門孝友

尤輕財好義不侵然諾時虞邑官塘一帶兵馬蹂
踐無平土德捐資修築鋪石塡砌計數千丈許悉
成坦道往來頌義時歲歉設糜賑饑遠近窶民全
活無數父子兄弟叔侄凡四舉鄉飲大賓邑令高
公之惠表其閭曰世德賓興子章孫咸吉俱邑庠
有文行

徐一嶽字肩寅眞性純孝出入唯遵父命讀書制行
動循孝弟迨事繼父晉承順顏色進奉甘旨一如
所生友愛昆弟內外無間言鄉里有貧乏者每賑

貸不求其償課子啓聰覺本先孝弟崇文學俱有聲庠序一門孝友藹吉家範雍睦誠享年九十以耆壽膺賓筵盛典孫甫浩甫瀚俱庠生能世其家

徐承清邑庠生篤學好古純孝性成值父病割左股母病復割右股親沒悲號每逢辰節廢食哀泣終身孺慕遍學呈憲旌獎

張自偉邑庠生父鳴鳳耆賓素封庚寅山寇丁思二肆掠擒鳳并繫偉拷餉不遂殺鳳將及偉偉泣紿曰免殺我父有藏金數百兩瘞舍下願取贖死賊

往搜金偉乘計脫逃賊怒割偉父首沉擲南池偉遍覓父首大慟幾絕訴諸神夜夢曰汝父首在南池即獲殮偉誓父仇必報踰年賊赴縣解投誠偉遇舉利刃刺中賊喉合邑士民咸快具呈守憲沈公獎勵之

陳泰交字日章性孝行馴父堯仁生五子交居長惟力田孝養爲事時山寇焚刼交父被擒入山交不避險挺身代父賊不許日受拷索父泣云我受擒應死汝何又來入網乎交捲涕乘夜逃歸盡鬻家

遣不足並以身質錢曰我父不歸何以生爲仍冒死向賊哀告賊憐其孝父子釋歸後與諸弟苦耕訓讀積累家資盡讓于弟鄉里稱其孝友子祥虹英年入泮克繩義訓焉

徐繼科字賓虞與仲兄賡寅事父晉母姜氏俱至孝值父病危篤醫禱無効科特焚香虔告求以身代號泣者三日夜是夕父夢金幞神人謂曰汝數六汝子數應加六今易其三與之齊焉且孝感神明錫以祿秩晉驚醒病遂脫然愈越三年以壽終科

亦六旬有三後果祿仕符其夢里人傳其爲孝感所致

俞忭字紹南性最孝生母王氏早逝繼母金氏事之如所生父停患痰症終夜不能寢衣不解帶首不着枕以身支父背而抑搔之經久勿替及父病甚忭乃籲天割股和藥以進因獲痊愈後父業數百金私與忭即呼侄輩公分一無所私妻吳氏繼娶蔣氏一門克孝無異時崇禎年間潮決江塘歲大饑忭捐金賑濟郡侯王公旌其閭曰仁孝

吳

吳範字文則爲人剛直好自表見素與同郡魏滕相善滕嘗有罪孫權責怒甚嚴敢有諫者死範爲謂滕曰與汝偕死乃髠首自縛詣門下因突入叩頭流血權良久意釋乃免滕滕謝曰大丈夫相知如汝足矣何用多爲範精于歷數知風氣所言皆驗詳見方伎

魏滕字周林漢尚書郎之孫性剛直行不苟合雖遭困遁終不回撓爲孫策功曹以忤策見譴將殺之策母吳夫人乃倚大井而謂策曰汝新造江南其

事未集方當優賢禮士含過錄功魏功曹在公盡規汝今日殺之則明日人皆叛汝吾不忍見禍之及當先投此井中耳策乃釋之歷歷山鄮陽山陰令遷鄱陽太守

綦毋俊爲交趾刺史拔濟一郡遂爵士之封

卓恕字公行爲人篤敬言不宿諾與人期約雖暴風疾雨雷電冰雪無有不至嘗從建業還會稽太傅諸葛恪問何時復來恕對以某日至是日恪與主人停飲食以須時賓客會者皆以爲會稽建業

相去千有餘里道阻江湖風波難必豈得如期須史怨至一座皆驚見會稽典錄

張叟字彥成與同郡丁孝正善孝正葬送過制叟以書難之曰吾聞斑固善揚孫之省葬惡始皇之餘容夫倮以矯世君子弗為若乃據周公之定品依延州而成事垠中庸以建基獲善稱于當世不亦優哉見會稽典錄

宋王思遠晏從弟也建武中為吏部郎司徒左長史初明帝廢立之際晏實與謀思遠為晏曰兄

荷武帝恩今一旦贊人如此事何以自立及此引決猶可保全門戸不失後名晏不聽及晏拜驃騎候會子弟謂思遠兄思徽曰隆昌之末阿戎勸我自裁若用其言豈有今日思遠遽應曰如阿戎所見猶未晚晏卒以專恣見猜忌思遠謂曰時事稍異兄覺否凡人多拙于自謀而巧於謀人晏嘿善不自己而有華林之禍後爲侍中掌起居注卒贈太常

宋歷元吉建隆時人嘗搆亭于縣南之山巔望秦之木

瘞者贩餽以粟殁即葬于此山之南鄉人義之因
名長者山其後孫發復修祖德捨基爲寺徙居東
溪
姚天祥守應甫任江淮提舉權鹽勤未幾乞歸優
游林泉倘義好施嘗創存義精舍以教鄉族子弟
築望烟樓晨起望無烟火處亟賑以穀置惠藥局
人患病者即與善藥不受其直歲大侵出巳貲賠
八縣鹽粮麥稅郡守高其義特樹碑府堂後以示
褒寵舊志見存

劉承詔　唐襄公德威之後德威五世孫輸避黃巢之亂自河南徙居上虞至承詔十世同居者四百餘人內外無間言和氣致祥下及犬豕一犬不至衆犬不食號孝義劉家熙寧中趙抃帥越嘉之聞於朝詔旌其門免其徵役以寵異之

魏溫仁　齊僕射徐孝嗣爲東昏侯所殺人莫敢收視獨溫仁奔走以私財營其喪時高其義　南史

龔生　失其名宋建炎初金兵渡浙江次上虞所至焚掠人皆避山谷間生獨諭里人郭氏倪氏李氏曰

金兵將屠吾邑吾屬雖力不敵有死而已遂募民果悍者得數百人迎縣令丞依險要自固分畀隊伍整兵環向以待之生出其不意驅衆先登蓊嶠投石擊之金兵驚懼生爲先鋒悉衆向敵敵却斬其將殺傷甚衆生亦死于敵後縣上其事于郡郡伍李三氏皆得獎甚生首事竟無表其功者

明

顧圭少負奇氣見義勇爲時有鄰甲暴掠殄之弗克竄入方寇國珍侵上虞時薦里古思守郡城帥兵拒之圭聚鄉兵出應與賊戰于曹娥江衆寡不

敵遂遇害里人瘞其屍于江岸其塚爲風濤蕩析左右皆齧而塚獨完越七月其孤謀改葬啓視之容體如生父曰其地盡爲江父人以爲異相與尸而祝之入府志

韭子蕭字希武洪武初薦爲無錫教諭篤學好古倜儻仗義言行不詭於時號西村先生有省已錄行于世

鍾億字萬之少好讀書篤學修潔娶陳氏生一子繹方在懷抱陳即病卒億時年二十四痛其生盡孝敬不再娶撫子成立惟取適吟咏以終餘年有司

請致賓席輙謝曰有老母在豈敢遽赴此宴乎年八十終人以爲義

潛雅志好修出入必稟命于親病必籲天躬禱卜葬于古木之下苦木離厯碍穴倚木而號已而厲風擠古木忽起遂得葬所若有天助云所若有棲雲風木詩卷

倪紳生員年二十八喪其妻曹遺一女二子皆在提抱母陛又老紳誓不再娶躬操井臼强爲紉綳以事母而撫三孤家無擔石皆人所不堪者已而女

適陳生又早寡亦矢志不再醮恐繼姑奪之復歸依紳紳貧益甚宗黨嘉其節義稍貸恤焉母死親負土以葬漸爲二子娶婦乃使女與婦操作自給携二子授徒吳會之間以糊其口歲得束修以償前貸終身家徒壁立二子士遒士達俱庠生又俱夭紳年八十竟客死於外紳一生苦節而子夭女寡而身不獲正首丘天道果何如耶

由吉謝通政使澤之僕也當土木之變澤奉勑提督居庸關遇難以死吉時從行不死乃負澤屍晝匿

夜行間關達京師以死事聞始蒙恤典籍令由吉以生死易心必違遯不顧其主卽無力以負亦坐而俱斃今而乃能潛心遂志可不謂義士乎未可以僕隸少之也彼其食君祿而朝暮易面以僕顔下人者媿死矣

謝時康號理齋忠諫公瑜之孫邑庠葛成之子也隨父讀書晨昏定省靡不曲盡子職屢試不售爲府掾吏不受非義一錢凡府折獄必詢康康效法于公援例惟輕後考滿送吏部授江西樂平縣丞署

篆二載歸葬除奸執法不同邑紳士倍加敬憚辭歸居里兩繕學宮倡助葺竣建修橋梁鋪砌道路領貯以應咸高其義享年八十有九子四章綬經猷皆衣冠孝友世濟蕃衍

丁宇中號五溪賦性孝友試輒冠軍博學强記究心性理性復好施予時萬曆十六年歲大饑家雖僅給衣食每減省以活貧民凡遇雨雪時輒登樓遠望見突不烟者遺餽薪米一日娶妾妾某氏哀泣不已詢知父爲舊邑倅逋粮鬻女中郎遣還不取其

値所居近山有虎患偶失閉戸虎伏堦下中撫其背意爲犢也虎旋去俗有水碓中失足墜臼碓搖搖不下若有神助中孝友立身心無愧怍雖虎不噬蹈險不傷皆其陰德所致孫進官翰林春坊崇祀鄉賢

陳萬林字行一秉姿英異成童時爲總漕沈清逵公封翁承泉所器招爲壻長有大志事父母以孝聞依依膝下未敢遠游終二人制遂挾策上燕都值興朝定鼎隨擢用筮仕蕪湖縣二尹署理縣篆清刑

簡訟招集流携民賴以寧督撫交薦陞授徽州府佐惠愛寬和民甚德之引年乞歸旋里賑施貧乏倘歲歉捐貲設粥道衢全活饑俐無算鄉鄰咸沭其惠云

胡元彪字伯文秉性孝友頴悟過人事父天禄母唐氏依依膝下克盡色養弱冠爲邑弟子員博貫羣籍才華敏麗兼重然諾好施予鄉里咸愛敬之一日過遺金于道彪守之竟日失金者號泣而至詢問還之其人曰公活我一家命矣其立心制行忠厚

寬和如此子有章楨俱庠彦守彪遺訓勿墜

虞甡宁樂生性孝友行朴誠甫週喪父幼誦百家言長有文行抱德勿耀事大父北疇出入唯謹事母呂氏晨昏定省俱有真性以孝聞兼好施與遇貧困者每捐貲以濟親族有逋糧者鬻產代補至家之有無勿計也君恆時日積德勝遺金奚事產業爲配龔氏淑德懿行生三子尊師重傅課訓有方長子徵麟登丁酉鄉薦次子徵熊北雝俱庠生克承先志皆甡厚德所致云

林貞儒字文源弱冠游庠讀書東山足跡不入公庭事父母以孝稱又好施與見突不火者每捐貲以濟屢試鄉闈不克退與子弟潛心究學重誼敦倫鄉黨咸稱爲孝義克全云

趙完璧字瞻如性孝行醇昆仲二璧居長常失愛于其後母委曲承歡不違顏色娶俞氏姚江望族克全婦道會姑病同璧禱天祈祐朝夕侍湯藥不懈暨愈母感悟曰汝事吾孝至此願後人承先勿替璧生五子一門孝友家子震陽英年以拔貢筮仕

嶺南西寧縣尹，考最第一，榮封父母如其官。壁亭年八十有四，終孫其昌、胤昌，蜚聲庠序，首譽孝德懿行，克享遐齡，著頌云。

何惟寬，世居郡城，生二子：旭陽、明陽，藝業杭城，估賓友孚，致成殷實。會康熙庚戌歲歉，冬月饑民載道，邑侯鄭公僑目擊流離，捐俸市米，施粥五門，存活無算。又諭各鄉殷戶賑助，于松鎮得王毓麟、何惟貴為首勸助，給米饑黎。填道溢巷，蒙袂求賑，貴措子旭陽罄貲徧給，饑民得生，義聲聞遐邇。邑侯鄭

嘉獎之表其居曰好義急公貴于辛亥冬當賫邀

盛典十二月家被火災卒以身殉天之報施善人

竟何如哉

陳祥麟性樸行篤英年力學聞甲申都門之變鬱鬱

不伸遂廢食忘寢悲歌號泣整冠北向服滷而卒

斯殆忠義本於性生故能抗志儒素超軼人羣視

徒食其祿者遠矣

隱逸

有談鳳麟於里丘之藪者其人曰可得見乎曰可見非鳳麟矣乃匿鼻笑曰吾以鷄司晨以牸代耕安事此爲噫噫庸詎識其瑞世也志隱逸

漢陳業字[illegible]初爲會稽太守絜身修行遭漢中微委官棄祿遁跡黟歙以求其志朱育稱其絜身清行同操柳下高邈貞亮天下所聞

南宋王弘之字方正初仕晋爲司徒主簿後棄去家貧性好山水宋武帝辟召不就從兄敬弘爲吏部

尚書奏弘之爲太子庶子亦不就敬弘嘗解貂裘與之即着以採藥上虞江有勝地名三石頭弘之嘗垂綸其處經過者問曰得魚否弘之曰亦自不得得亦不賣日夕載魚入郭經親故門各以一兩頭置門内而去始寧沃洲有佳山水弥依岩築室居焉逸思幽懷人莫測其際

倪森字彦林其先有名該者同兄安軍節度使儞從高宗南渡倅越州未幾金人犯越護駕航海既還卜居虞之賀溪數傳至森當理宗朝見時事日

非挫廉逃名日老泉石且寛仁好施喜怒不形於
色海內賢豪樂從之遊商畧今古張帥之四明名
士以書法擅當代寶祐年間過訪爲書大學經文
於所居門廡迄今傳焉
元王發字景囘生有至性事親孝父疾供湯藥之暇
手繕佛書以禳災祈福大父汝舟爲武岡軍教授
多藏書發頴敏能盡讀之間有訛闕必訪求補緝
完治而已他若禮樂刑政至天地萬物虞初稗官
之言可以輔國家裨名教者輒類而錄之總若干

卷存於家嘗賦續騷以自命或聘爲師則辭曰堂
有親在忍違膝下乎願從者至其家踵相錯所陶
鎔啓廸多名士發接人直而不倨和而不流大書
忍貧二字於屏築友樵齋於楊梅峰門固窮樂道
以終其身

明劉履字坦之忠公五世孫操履端亦號草澤閒民
洪武十六年詔求天下博學之士浙江布政使强
起之至京師見上於奉天殿賜宴親試將授官以
老辭給賓楮若干貫爲東歸費未行而疾作手書

四言詩云受中以生性命維始曷以保終動慎斯理再更世途若涉淵冰跬跡弗循百行愆巳孰尼予行孰使予止邈哉聖賢道則在邇命旣衰矣没吾寧矣啓體全歸無愧素履已而擲筆遂卒於會同舘賜歸葬象田山所著有選詩八卷續編補遺六卷風雅翼祀鄉賢

張岳字申之少有大志且負異才經史之外旁通兵曆醫卜兼善騎射元季仗劒遊四方偶謁明太祖於池州曰此真人也足定天下矣遂歸隱後至金

陵値元旦題詩云天中月照三千國聖主龍飛十
八春捲甲已無征戰地看燈都是太平人太祖徵
行見之命以文學徵用不起有青城集行於世

葛貞字原貞有至行不涉聲華樓居庋文籍以自愉
幽老詩有晉唐風書法王右軍而氣貌清恭人稱爲
悠然先生累以經明行修聘不就有集藏於家子
啓善繼父業爲御史詳本傳葛氏之世多賢則種德
有自矣

范彰字仲彰爲人誠慤讀書衕泌信義孚於鄉里邑

中瓛堅滿境彰憂之爲文禱於神瓛即潛遯獲大有年洪武初與葛貞同辟不就永樂六年復以薦徵至京師以老疾辭歸館閣諸公祖道都門外贈詩文盈篋有守拙稿行於世

趙齊字敬賢天資謹愿篤于孝友不干榮進居於白馬湖山之間愛樹梧竹顔其楣曰竹梧深處人望之蒼翠蓊鬱知非凡境蕭稽經考史喜爲聲歌賢士大夫樂與之遊以其居竹梧之深也比之鳳凰棲林云

張程字孟律，早孤，兄弟四人，長爲貴州吏目，卒於官，三弟俱幼，痛母無依，遂絶意榮進，日以承顔養志爲事，撫二弟並有成立。永樂間薦賢良，不就。處已應物，各得其平，人稱平軒先生。里閭或以曲直走質於程，程一持公道，無少阿，人心折以去。邑令敦請賓飲，遠近皆謂得人，其取重於世如此。

姚輅字孟曦，少力學，不爲經生言。嘗遊長安、秦川、洞庭、建業、釣臺諸勝，探奇弔古，見之歌咏。被徵不就，棲遲四明泉石之間，與葛原良、蘗扆道諸賢相友

善所著守齋詩稿文采葩流有晚唐遺響

徐文彪字望之抱道積學工於詩文正德初舉賢良文彪以母老辭邑令汪公度敦趣廼行是時逆瑾方專恣而餘姚謝文正以忤瑾謝事文彪至京試吏部用蕭傅恭顯語譏瑾覽策且以爲文正鄉人怒批下之獄榜掠幾死械戍鎮番鎮番接壤流沙在中國萬里外文彪處之怡然諸武弁子弟相率來學文彪長子奎四子子厚聞父難奮以死從兄弟稠而往會部檄提家屬赴京主僕械繫刑獄尋

得釋過河西經昭君墓歷望鄉臺涉流沙陟危百端乃達戍所逾年難敗乃赦得掖父歸歸二十七年而卒時餘姚徐子元周禮與文彪同下獄遣戍而文彪所造特深嘗罹禍時賦詩慷慨略無戚容及歸結廬西山益事淵默絶不談往昔事性復好施予郡義田開義學賑饑恤死鄉人咸德之而諸子亦殫心承順焉所著有貞晦集若干卷祀府鄉賢

許璋字半珪家貧力學不求仕進凡天文地理及孫

異籍咨奇門九遁之術靡不精曉嘗躡屩走嶺南訪陳獻章時王文成養痾陽明洞惟與璋輩一二山人兀坐終日共參道妙其後擒宸濠成功歸每乘簡輿訪璋山下一日偕璋苫屋揮令坐大樹石傍從容卒業始下劇談乃別時進菜羹麥飯信宿不厭嘗遊西指曰帝星今在楚數年後君當自見蓋應在世廟也岑孟為梗詔文成督兵討之走璋問計曰撫之便卒用其言得孟遺之金帛不受欲薦之于朝曰爵賞非吾願何以相強終日猶怡山

麓之間雖屢空坦如也謂其所居當大發祥觀吾子孫無當之者比鄰陳氏兄弟不凡足當此歸之矣已而陳述陳逑其子果相繼登第其占卜大都奇中人呼神仙云年七十餘卒文成以文哭之題其墓曰處士許璋之墓屬邑令楊紹芳為立石時嘉靖四年

林日本字原長虞令林公希元裔孫幼治五經長誦百家言兼畫工詩有王摩詰手味性好梅家貧植梅無隙地不求仕進淡于榮祿曰世無知我知我

惟梅耳因號曰梅隱興致高寒蕭然物外遍遊名山大川賢公卿皆樂與游屢徵中翰不就酒酣潑墨賦詩題軸人爭寶之昔和靖先生種梅孤山客至任取一樹錢沽酒相浩歌用以自老原長其流亞與

鍾禮字欽禮自幼迥異羣兒少孤力學書法趙子昂尤精繪事弱冠省外舅蔣先生於京師公卿爭招賢之名動士林還居城南夏日常雙髻跣足持白羽扇蕭然長林間見人或不爲禮人多訕笑之若

不聞也者有金氏饑寒孳一兒賁于儒游禮惻然以白金遺之弘治庚戌有謝進士以使事至浙慕禮邀寓老子宮會徐某謀克吏役賂謝爲當道及謝畢使事去而謀弗遂徐陳牒憲使指禮見知禮不欲累謝竟誣坐謫戍盤石已而朝廷以繪事召陛見直仁智殿以老乞歸上燭其前誣惻誦籍賜以冠服裝大學士李東陽謝遷王鏊爲文若歌以贈既歸感上厚恩一飯不忘每節日必設香案于庭望西北拜祝追慕一 觀遇時祭必詣道壟白如

一日女歸玉山令孫景雲以烈婦旌詳列女傳

唐萊字巽朱生而穎異操履端方吐言不苟年十八補弟子員試輒冠軍闈中副卷者再遂究考亭心學闡發先儒性理飄然有世外之想飢滿應貢慨讓不就鄉黨咸高其行四方從遊者甚衆屏絕榮利日率諸弟子講學于太平精舍撫按旌其廬曰太平清隱

葛晓號雲岳大理卿浩之孫叅政木之子恩蔭任子宜屬晓晓讓與叔臯爲都察院照磨茸心寒士鄉

里高其品行士大夫多與之交長于詩文尤工書
法與邑令徐公待聘交厚爲修縣志卒祀鄉賢子
百宜丁卯舉人

上虞縣志卷之十七終

上虞縣志卷之十八

人物志五

文苑　烈女　寓賢　仙釋　國戚

文苑

夫風水爲文雲漢爲章自昔尚之而貴不言而躬行者然無文不遠言亦胡可少也無論載道者即偏至之詞猶足宣洩精英而輝映宇宙千載之下並稱不朽儻謂空文無用得無啓椎魯之門豈立言于何地也志文苑

漢王充字仲任少孤鄉里稱孝至京師受業太學師

事班彪好博覽而不守章句家貧無書游洛陽書肆閱所賣書一覽輒能誦憶遂博通百家之言著論衡八十五篇嘗觀天子臨辟雍作六儒論謝夷吾曰充之天才前世孟軻孫卿近世楊雄司馬遷不能過也因上書薦充才學肅宗特詔公車稱病不行時年七十餘復作養性書十六篇永元中卒祀鄉賢袁山松書曰充作論衡中土未有傳者蔡邕入吳始得之恒秘玩以爲談助後王朗爲會稽太守亦得之及還許人稱其才進或曰當得異書問之果得充論衡抱朴子曰人謂蔡邕得異書搜其帳中得論衡數卷持去邕曰唯我與爾共之勿廣也

晉嵇康字叔夜有奇才超邁不羣拜中散大夫與阮籍山濤向秀劉伶籍兄子咸王戎爲竹林之遊世所謂竹林七賢也嘗採藥至汲郡山中見孫登遂從之遊登曰火生而有光而不用其光人生而有才而不用其才故用光在乎得薪所以保其耀用才在乎識眞所以全其年君性烈而才儁其能免乎山濤爲吏部舉康自代康與濤書告絕康性好鍛居貧嘗與向秀共鍛於大樹之下以自贍給潁川鍾會往造康不爲禮而鍛不輟會以此憾之言

於文帝曰嵇康臥龍也公無憂天下顧以康爲慮耳因譖康欲助毋丘儉帝遂害之康將刑東市太學生三千人請以爲師弗許康顧視日影索琴彈之曰昔袁孝尼嘗從吾學廣陵散吾每靳之今絕矣時年四十海內莫不痛惜所撰有養生論高士傳太師箴

謝靈運元之孫少好學博覽羣書文章之美爲江左第一襲封康樂公累遷秘書丞坐事免宋受禪降爲侯太子左衛率少帝即位出爲永嘉太守郡

有名山水遂肆意遊遨動逾旬朔尋引疾還始寧修營舊業有終焉之志每一詩至都下貴賤傳寫又作山居賦并自註以言其事文帝徵爲秘書丞不赴光祿大夫范泰敦趣乃出遷侍中賞遇甚厚然靈運自負才能朝廷唯以文藝處之意常怏怏多稱疾不朝乃賜假東歸因祖父之資鑿山浚湖與族弟惠連等尋山陟嶺必造幽峻嘗自始寧南山伐木開徑至臨海從者數百其郡守驚駭以爲山賊知靈運廼安始寧有坯皇湖靈運求以爲田

太守孟顗不與成隙表其異志靈運詣闕自陳文帝不罪吏以爲臨川內史遊放自若爲有司所糾靈運與兵逃逸作詩曰韓亡子房奮秦帝魯連恥追討擒之上愛其才乃降死一等徙廣州或告其買兵器結健兒詔于廣州棄市靈運恃才放逸多所凌忽故及于禍子鳳元嘉中爲奉化令有惠政民祀之

魏隱字安時少有學行總角詣謝奉奉與語大悅之曰大宗之後雖衰已復有人矣歷義興太守御史

中丞俞汝爲黄門侍郎見世說

宋

嵇瓛字大珪上世爲應天府宋城人翰林穎之曾孫宋紹興八年進士調上饒尉後通判衢州奉祀歸屬病命子書五福二字曰吾無憾矣誦皇極終篇而逝

杜思恭字敬叔祁國正獻公從曾孫也弱冠登宋淳熙十四年進士授高陲尉遷吉州司理平反冤獄發粟賑饑民受其惠官滿解去民遮留不啻千數後除郜州平樂令卒于官時名士陸游周必大楊

萬里並以國士期之表薦于朝曰學貫六經文師
兩漢可備著述惜天奪之速不盡所蘊

陳策字次賈潛心典籍詞翰俱美受知於馬中特薦
授中訓郎王管制司機宜文字有堂曰不礙雲山

黃楠居東門性孝弟刻志問學善誘後進不喜聲利
惟優游林壑二子和中爲餘姚學正得中爲浙海
制置幹辦官嘗從名士馬中學並有文名

王介字萬石學博行修司教臨海天台並著教績元
老一壯猷通覽百家詞章優贍爲後進模範年八

十餘卒子茂良亦有父風

元徐昭文字季章元慶元尹有傳之子家世業儒從韓莊節先生讀尙書試藝不售杜門修業後應辟爲吳淞教官所著有通鑑綱目考證行于世其自序考證云資治通鑑綱目子朱子所修之書也朱子祖春秋而修是書以示天下後世不易之大法昭文竊嘗讀綱目而考凡例據凡例以正綱目今所刻本所書之綱與所定凡例或多不合至如承統之帝或稱爲王嗣君之號或加于前此皆有關君臣父子之教義理得失之大者又若正統曰帝而有誤書王者無統曰王而有誤書帝者太子即位書立而或不書王公繼世書嗣而或書立漢初因秦正朔而或誤書夏時賢臣卒書官爵而或誤加謚號封爵除拜或不加貴屬或不加官者無以著其

與政之禍弑君弑父或誤書殺或不書進弑無以正其罪惡之實若臨覩如幸征討攻擊誅斬弑殺列薨卒死凡此之類相因互誤者不能悉舉初朱子修是書也凡例旣定晚年付門人訥齋趙氏續成之今所存語錄多面命之辭告戒諄切曰綱欲謹嚴而無脫落目在詳備而不煩冗豈訥齋屬筆之際尚欠詳謹故有脫誤失朱子之本意初學受讀者不能無疑也果齋李氏曰朱子蓋欲稍加更定而未暇焉勉齋黄氏亦曰綱目僅能成編每以未及修補爲恨牧菴姚氏序國統離合表得三誤其一則建安末年誤書延康今刊本已正之矣新安汪氏考異多所究明惜未詳也昭文僣不自揆輒本大賢之立言據諸儒之同異反覆討定補漏正誤于各提要之下間亦竊附已意以明君臣父子之教夫婦嫡庶之別正統無統之名外戚養子之禍女寵宦寺之權雖一得愚見或有以推廣述作之本義名曰資治通鑑

綱目考證以俟君子正焉

明

胡肅字原功，洪武十九年舉明經，歷官福建僉事，性質端簡，文詞雅贍，與陶垕仲協持風紀，聞望烜赫，常諭猛虎以去害，劾藩伯以除奸。所著有寄庵稿，侍郎劉鵬稱其詩文補志闕，証史謬，動關世教，足厲風俗。與會稽唐肅齊名，時人謂紹興二肅。正德間祀鄉賢。

夏時字時中，自幼穎悟，習舉業，與弟子孚中自相師友。洪武開科，將入試，不幸目瞽，因號守黑子，寓意著文以自見。葉砥錄其文行於世，曰守黑稿。葬西

徐梟

薛文舉字才用延玉子幼聰敏一月數行下九歲能屬文有聲儒林父嘗遣受學于御史中丞劉基禮部尚書錢用壬二公遂於春秋文舉承其指教克然有得洪武初邑大夫聘爲弟子師與其徒日夕講論經史磨礱造就出其門者皆爲名士十一年以文學薦召起爲太常博士陞禮部主事以內艱去官遂卒所著有訥齋遺稿

柳南字南仲襟懷簡曠有晉人手度善吟詩有南野

稿年八十四終

劉鵬字翼南少不慧入山習靜久之胸中豁然月能誦書一針兼善篆楷詩畫從叔坦之學葢以道學自任洪武間由秀才應制科詔赴京師試除禮部郎中左遷臨江府推官陞知府拜禮部右侍郎上以鵬爲人鯁直授漢府典寶使輔漢王多所匡諫以被誣死後漢王收檢鵬諫疏上之賜䘏典甚厚所著有翼風雅述翼南詩集

管崊之名祖生姿貌清徹天才穎發三四歲時其祖

抱置于膝教之認字日記十餘反覆詰試無一訛錯又教之仰指作八法勢畫幾上曲盡其妙幼即能文兼詩賦入邑庠食廩遂著朱史斷論趙宋一代君臣賢否政治得失咸有體裁惜天不假年賫志而卒

郭直字世南以邑掾起家初任吳江縣史築長橋勞勩甚著遷常熟簿尋擢令百姓德之時推能吏虞山出軟栗甚肥美民摘以獻南食而甘之乃令悉伐其樹并絕其種曰後必有以是進奉而病吾民

者南爲政大率類此故得久任海虞正統間常與
老儒袁鉉袁鏵輯邑乘捐貲壽梓以傳乃人所不
滿以悉燬舊志而虞世家或漏載意當時士夫病
其冐汾陽裔而南實自負倜雅居近皂李湖人遂
以侵湖議南以南之宦蹟九載居官長子孫幾與
漢循吏埒而竟以纂修蒙垢要之瑕瑜不相掩據
民間所蓄古志郭志亦不甚謬盭迄今藉以有稽
安得以有瑕而遂厖礫之

張文淵弘治乙未進士初任工部都水司主事管引

導東川以疏河流有功漕運勒載碑志遷兵部武選司遭逆瑾用事乞恩致仕正德辛未起用不就甲戌陞南京禮部郎中未幾丁內艱遂不起談經授徒家傑景附所著有衞道錄諸圖便覽八卷東泉百咏奏聞世廟內衞道一編與王文成傳習錄不無參駁然王於翼朱亦自有見又爭其草箋力道勁得朱文公書法

姚翔鳳字夢禎嘉靖壬辰進士少有文行出令正潛府器重之初任兵部主事奉職亡害每暇[illegible]讀書肯眈

眦如儒生歷官至行太僕寺卿免歸益大肆其力于著作傾貲盡購奇書凡首窮年以自娛乞言者踵至踵應往往就里人傒子與之觴奕不爲崖異人咸親愛焉年七十七終所著有䟽詳庭傳餘生近記羅東拙稿崇祀鄉賢

黄之璧字白仲生而秀穎不凡清虚高潔會家難南游秣陵寄食逆旅借書鉅家涉目不忘摛藻成篇一揮輙妙名動江左在公卿座上時矯首大言抗論西寧侯宋世恩掌樞留都引璧爲上客儀部屠

隆三人相與定交尋被仇家誣詠壁爲長歌一章七言律四章贈行慷慨悲壯氣雄萬夫遂東歸杜門謝客生死愛西湖風景最喜臨池落筆縱橫變化若神儀部每稱之曰仙才才品不在朱處士林逋下後復游秣陵卒

尹壇初習舉業不售乃棄去由掾吏入銓籍爲郡幕未幾乞歸雖起家宅途而猶然不失儒風蒞官以廉潔自持居鄉以端方取重且好古參閱嘗補訂會稽三賦足以占其博雅矣

謝讜字獻中才華俊逸器度坦然嘉靖甲辰進士授太興令太興維揚巖邑也宰其地者多不得善去讜未及考即中以墨歸家傍蓋湖築白鷗庄於荷葉山中朝夕唯讀書著述吟咏爲事間爲樂府含杯自放不入城市者餘二十年晚歲邑令以賓禮敦請始一二至與人交油油若飲以醇飽德而去篤于友于不問生人產以故家旁落至卒不能成歛知者以爲有托而逃云有海門集草言行於世

周一鳳字鳴岐天性孝友聰敏過人九歲能文十五

補弟子員設絳嘉湖山其門者俱爲名流鳳素性梗介絕跡公庭㞐好施與遇貧困者每捐貲以助齋居心慕理學參究宗旨徐公代舉詢知名實聘修縣誌迄今舊編重親閱其較訂具見史才惜抱負未伸年七十有八齋志以没著有詩文行世

范日謙字哀生英姿博學爲黎博庵先生首拔士精研周易善古文詞制藝甫成名流每搆之幾于洛陽紙貴習其文者多獲雋聲望重一時倪文貞公延爲西席隆禮嚴敬之應以明經入仕高蹈丘園

終于肥遯可謂爵然不滓者矣

陳懋觀字我生雋才高致特立不羣涉筆驚人不襲人牙後慧所構古文詞奇思磊落宏麗與衍試輒冠軍壬午入彀復刖數奇鍛羽無不爲之嘆息後以明經授慈溪訓逝踰年矣抱才不獲用何天之阨賢如是與

顧綸授字叙伯御史洪範之孫也　讀書目數行下英敏過人試輒冠軍甫弱冠甲子魁浙榜鴻文大篇聲馳天下名流願交者毎乘車戴笠相訪不絶

詩文雄麗振絕一時引掖後進亹亹不倦隆氣誼愼名行不治貲產曲盡孝養友愛昆季猶人所不能及者後絕意進取優游林壑每賦詩以見志殆金疊之遺逸云

趙復光字日含髫齔穎秀文章鋒出父宋醇器之兄復祥丁卯領鄉薦庚午光果弱冠登賢書出漳海黃石齋門下深加獎重石齋客遊吳越朝夕游從論文得共衣鉢甲申之後息心仕進不赴春宮試優游泉石著書屬歲祲節家人衣食多爲粥糜以

餉饑飢鄉鄰深德之所著有下里吟一集同祖兄弟十八皆以文學名于時子延時邑庠生有文行

倪元瓚字獻汝生英敏弱冠能文試輒冠軍時兄文貞公典試江右同祖兄元珙捐衡吳中聲重一時四方士大夫咸樂與交瓚益深匿樾戶單精理學屏謝紛華其事母夫人至孝尤好義不倦鬻產脩久圮之學宮賑饑建至便之良策鄉里咸推其行應舉明經不出椰溪有别業老梅修竹深柳方塘一圃自樊方諸陶謝風流遠矣

徐言近邑增廣生工部爾一之季子忠諫學詩之曾孫也幼奇穎讀書日數行下筆屬文隨父京邸大學士來公宗道器異之招爲館甥博究羣籍文思藻麗試輒高等偕伯兄言達築室方山下足不窺園每良朋至講藝論文幾忘晝夜善與人交有叔度公瑾之風甲申後遂不復進取優游泉石訓誨子侄尙義維風所著有時務權書子巽文府學庠生

陸宏訥字開之鯉之孫賦性孝友穎悟過人弱年游

泮沉默寡言笑搆思淵麗藻艷追二陸試輙冠軍
自內艱悲哀不已遂淡於進取蒐羅鴻秘較讐古
今大家言間有所得即題詠商確所著有名山集
稿藏于家

嵊縣志　卷十九　一二

烈女

家人之彖曰利女貞重化原也虞之賢媛非乏而居平無故烏知梱以內第述其遭變而烈且貞者愧二心激風化云爾志烈女

漢曹娥父盱能絃歌爲巫祝漢安三年五月五日於江泝濤迎神溺水不得屍娥年十四沿江號哭晝夜不絕聲旬有七日投衣水中曰父屍所在衣當沉衣流至一處而沉娥隨之投水經五日乃抱父屍出人憐而葬之至元嘉元年縣長度尙改葬娥

於江南道傍爲請于朝建祠賜額立碑令邑鄭淳作祠誄之遂以娥姓名名江詳祠廟志

孟淑中郎將質之女年十七嘗受聘禮爲盜所刼淑祖父操刃對敵不克見害淑思慕哀慟憔悴毀形以致盜由己乃喟然嘆曰微淑之身禍誠不生以身害祖父尚活何爲自縊而死

孝婦包全之女事姑王孝姑年老卒夫女弟懷妬乃誣婦鴆母訟于官郡不察坐罪竟以冤死自是郡中連旱孟嘗爲白其冤于府刑訟女以祭婦墓應

時大雨因以所居稱孝聞嶺傳中詳孟嘗

翟素　翟氏女也受聘未及配適遭亂賊欲犯之臨以刃素曰我可殺不可辱賊遂殺素

宋

朱娥　朱回女也母早亡養於祖媪里中惡少朱顔與媪競持刀欲殺媪娥年十歲號呼突前手挽顔衣曰寧殺我無殺媪媪得脱娥連被數十刃以死時治平三年二月甲午也太守章侯聞於朝詔賜粟帛安諭其家鄉人義之立祠祭焉縣丞江公亮爲之記熙寧十年會稽令董楷以娥配享曹娥廟

原祠歲久傾圮祭亦廢萬曆十三年縣令朱維藩重修查復祭田若干畝詳祠廟志

明柳氏二節婦柳宗遠妻唐氏及其子桂之妻陳氏初唐氏年二十三歸宗遠事姑盡孝越二年生子桂而宗遠卒人以唐年少以語試之唐忿曰吾喪夫命也婦一醮義也命乃天使義出於心吾縱不畏天能昧吾心而負義乎且吾姑老吾子少吾去將安恃乎益苦心瘁力營粟帛以養姑命桂從學於鄉塾姑年八十餘終桂長娶陳氏陳歸桂逾年

桂亦卒陳年二十四或閔陳無子勸使再適陳哭曰此豈人所言吾姑不負舅吾敢負吾夫乎寧即死柳氏牖下不願聞此語也去膏沐屏華飾與其姑相依以居姑食後食姑寢後寢家內外事必告而後行姑婦孝愛如母子歲時具餚酒祭柳氏亡人二婦煢然拜堦下輒涕泣不能相視人稱爲雙節事聞詔旌其門曰雙節坊太史宋濂爲之傳

賈貞女名妙蓮父辛自洛陽南遷卜居虞之牛山生蓮及笄未嫁而男亡父母爲擇配蓮痛哭不止遂

引簪剔目自矢堅節侍親膝下甾工女紅終身焚修晚年以所積女工置產助烝嘗卒塟父墓之左

俞氏諱素英潘景鏞妻洪武末鏞戍潯州衛伉儷綣浹旬當從行俞曰姑垂白吾冢婦可從夫而亡事高堂乎鏞行婦井臼操作骨立姑婦影相吊越七年鏞得以間歸復往臨行俞謂曰吾脈矣後得子淶又二年鏞卒聞訃不欲生哀毀紡織課子每至夜分雖裂膚折指必雞鳴而寐年四十九卒

章氏俞宗琳之妻年二十而宗琳卒遺腹子盛父母

謂其年少子幼欲奪其志章輒號泣曰妾亦人也奈何欲使我爲狗彘遂不事容飾清苦自守專事姑愈謹教子成人始終一節正統初縣以事聞詔旌其門

陳氏御史陳熙女生員劉稽妻稽娶未踰年稽赴試於杭遘疾卒氏年少欲以身殉其姑勸爲防衛乃得免遂斷指以誓奉姑育子備極孝慈及姑没葬祭務盡禮連遭歲歉至以糠粃作餅精者與子粗者自啖冰霜之操六十餘年寡如一日後子若孫皆

補邑弟子員氏嘆曰吾夫雖死猶生吾志慰矣欣然瞑目而逝年八十五學士大夫咸以詩文贊焉卷藏於家

陳氏張廷揚妻年二十二而廷揚死一子尚在懷抱且貧乏不能存或勸其再適以死自誓苦節五十餘年宗黨咸賢之正德間有司以事聞詔旌其門

祝氏葉廉之妻生二子曰璋曰珊廉卒遺腹子曰琨時年二十二誓不再適姑病革稽顙北辰求以身代冰蘗之操始終如一正德間有司以事聞詔旌

其門

陳氏盧用濟妻性柔婉通書史歸盧事姑得其懽心無何用濟歿年方十九陳哭之哀而無違於禮以夫兄子伯寧爲嗣撫育備至爲娶樊氏氏方十四沉靜人不聞其笑語甫五年伯寧隨生父應薦赴京客死家業伶仃姑媍相誓守節樊先卒年五十八明年陳卒年七十七邑令吉惠遵恩詔表其門

鍾氏禮之女孫景雲之妻幼讀書通文義相夫登進士授玉山令夫婦敬禮如賓年二十二而景雲卒

于官且乞之嗣鍾一日郎官邸告其姑曰妾無子而奉姑舅幸有諸叔在妾將以身殉之姑亦不信之薄晚悉剪夫之衣以爲旐至夜分密設椅卓於夫之座右沐浴更衣懸白綾而縊於座上厥明其姑驚抱其屍於左袖中得銀一錠題曰買棺右袖中有景雲小像一軸當道聞于朝詔旌其門毘陵邵寶爲按察使作記樹碑於通衢而景雲亦祀名宦云

史氏陳大純妻年二十三歲純亡無遺孤誓不再適

將夫詩扇網巾時佩於身後姑百計勸嫁誓無忤言惟蓬首跣足屢屢于齊地自經幸妯娌相救得無死及疾革囑平生所佩扇網殮于棺曰以此藉手與夫相見示無悖也言畢而逝時年六十八事聞表其門曰完節

○龔氏陳榛之妻年二十夫亡撫子國華長娶沈氏國華亦亡沈年二十一遺孤文奎姑婦同守艱苦萬狀文奎長娶馮氏未久文奎又亡三世孤燈僅延一息龔沈俱以壽終馮氏年踰五十事聞詔以三

節旌其門

蔡氏葛璋妻年十七歸璋家貧力女紅贍姑舅明年璋卒哀哭殞地絕而復蘇乃蓬首垢面志不欲生未三月里中兒屠某謀娶之其姊爲蔡妯娌假他事紿與姊會屠從旁竊視蔡後覺飲泣自嘆曰生何顏於人世沒何以見亡人耶奉姑舅夜膳畢沐浴整鬢服哀而縊

唐氏成孟吉妻婚三年夫卒哀毀骨立舉喪盡禮時唐年二十一遺孤甫五月室如懸磬僅一老姑相

伺爲俞文拊憐其家貧年少諷使更適繼且逼之唐斷髮跣足若廢人然至欲自縊以决志由是無敢言者養姑育子歷冰霜五十載至七十餘終邑令楊紹芳爲申其事于當道其後四世孫藹妻焦氏亦以青年孀居苦節課子成立年二十七髮盡白邑令興之特旌其門人以爲唐氏所始世節云

丁氏年十七歸徐延仁三十一而延仁遘疾卒丁曰夜抱持其孤泣不休曰我所以稱未亡人者以二親與若兄弟在耳亡何夫弟某欲奪其志丁痛號

嚙斷二一指言者始弃顏退娶居五十餘載享年七十有八萬曆乙未孫震官大理寺評事緣例乞恩得旌其門

俞氏盧懋章之妻年二十一生子女各一而懋章卒誓無他志惟勤紡績以撫遺孤後孤亦卒鄉有富室欲娶之俞聞而縊家人覺知獲免乃告官守制以杜將來後有鄉官陳庠結其親黨誘以富貴脅以威力俞度不免乃給入更衣卒縊而死時知縣林球教諭李長源等躬致帛祭鄉有僉娶孀居亦

聞兩臺自縊後本府推官周進隆白其事于朝

呂氏曹顯妻呂年二十餘歲顯亡遺腹生子琪苦志撫育長娶屠氏未幾琪亦夭亡遺孤二長信四歲次佐歲餘門祚伶仃姑媳形影相吊矢志同守終始一操姑以九十歲終婦以八十八終其後信子日軒日輻相繼登進士軒爲御史輻爲叅議宦業並著于時佐子輕亦以諸生有聲人謂雙節之報云郡按浙江監察御史歐陽雲爲賦雙節卷墨跡藏於家

何氏丁詩妻氏年十六未及合巹詩病逝氏即縞素歸喪爲詩守志不移繼侄耀先爲嗣閨秀砥節玉潔冰清卓然懿行啓後承先厥後子姓蕃衍遐思貞德孫丁時舉人仕邳州

宋氏車廷珏妻廷珏少業儒晨出暮歸以爲常未半載病死氏已娠身矣產而得男太慟曰此未亡人所賴以報地下者不克存孤有如日勤渠撫育至于長而娶婦且有孫矣未嘗踰閾與宗黨言一日孰爨有樵童坐其側怒而起曰若欺吾老寡婦而

猥以身殉益也涕泣不食子婦爲跪請乃已其剛

螯出自天性如此

孫氏徐彦明妻彦明卒時孫年二十七家故貧姑又

病瘓讫孤待哺無以自給孫矢心不貳從紡績以

備食餚仰頼之事姑十有二年姑卒撫其子迄於

有成貞心苦節内外無間年七十三終通判雷鳴

陽攝邑事爲題其廬曾孫學詩以直諫聞

許氏唐亮妻亮以儒士試浙闈不偶遊學廣德卒于

館舍許年二十四遺孤倩猶在襁褓守之成人爲

娶錢氏不幸偁亦早世錢年方十九事姑備孝養兄弟憐其家貧且少而無嗣諷使改醮錢取厠水且罵且潑自是人莫敢言姑亦慮其不終謂曰我命自苦何復苦汝錢對曰苦則同苦死則同死乃剪髮自誓後姑竟以過家喪明錢扶持盡力姑婦相依如母子者餘四十年皆以壽終郡守湯紹恩表其門曰雙節同心

金氏孫彥能妻氏年十六配彥能能儀狀雄偉有膂力甫婚二載即游外隨兵征苗後病歿江南氏誓

苦守志晨夕悲號不事鉛華繼伯子高七姪子高
三爲嗣一子成立尋父骸骨歸葬殆婦道之秉節
而賢能者郡侯焦齋湯公旌表其門曰貞節
張氏庠生陳鴻磐妻配磐甫朞生一子磐隨病疫氏
撫孤子秖志靡他孀居七十五載鄉鄰咸欽其苦
節氏子復蚤逝鞠養幼孫得傳其世學憲饒按院
尹疏表貞節
王氏羅明二妻明二以行役卒于外王年十九家窘
甚俯仰無措王矢心苦守晝夜紡績以養姑鞠子

伯父欲奪其志王剪髮誓死不貳至八十二終郡守湯紹恩爲題曰表揚節孝更爲文以祭

宋氏 庠生姚守約妻年十六歸姚甫二載約以病卒遺一子纔八月遭姑病阽危籲天願以身代奇其孤於娰姑病旋愈其母憐其早寡且貧欲之再適宋毀容自矢孀居者六十餘年而卒

劉氏 太學生葛棐妻棐大理卿浩仲子早喪劉氏年始二十四無所出自以處富貴家非一意澹泊排以稱節乃謝鉛華治一靜室日拈齋素以爲生以

侄叔爲後燦復早亡遺孤甫三歲撫之成立劉年八十三卒邑令謝恩伸爲申當道

何氏顧院妻婚甫一載院卒何年十九產遺腹子一家甚窘舅姑謀奪其志何嚙指自誓曰此身已與吾夫同生死所不死者有孤在吾惟撫此孤以報夫地下耳居無何其子隻聲未嘗稍露怨悔晝夜紡績餬口令瞽子倩春以佐之子母相倚怡然自得年九十五以完節終

薛氏竺方十二妻方十二離鏡父本俱早世祖母張

毋姚俱孀居守節者六十餘年方十二稍長喜遨遊不事家人生理薛歸時先業一空十二身嬰惡疾而卒姑姚諭薛曰吾兩世撫遺孤藉有先人敝廬獲終所志今爾無六尺之孤一椽之屋何恃而守薛跪泣曰政惟是無子無家姑老何恃顧追踪兩世足矣日事紉浣易薪水以終姑養凡竺氏習女紅者率師之年六十七終自歸竺迄蓋棺無一日生人之樂而堅貞之操無忝世家非天植能爾哉

黄氏生員劉鳴陽妻明陽早卒黄矢志堅守貧乏無以自存或勸之改適黄泣曰吾聞從一而終敢有他乎日不再餐夜無完簟竟以餓亡宗黨賢而惜之

倪氏紳之女歸陳弘兆生子甫一月弘兆死氏爲典衣殮葬誓死靡他其姑繼室又自生子氏慮爲所逼歸依父紳而紳又貧氏輒撫腹鍼紉佐父朝夕逢姑誕必市果麵致壽每寒食中元除夕及弘兆忌日則以隻雞清酒麦飯倩鄰備奠于墓所而自

號慟門外北面稽首焚紙錢乃已及子稍長父紳亦死乃携子歸于陳葺廢居棲焉年七十一終

吳氏年十八適范廣瀚逾二年瀚病卒貧無立錐叔廣沔廹令改適窘辱備至吳嚙指截髮就縊者數四家人救甦日維辟纑紡績以給衣食里媼有憐之者曰汝家貧無倚復遭内訌何自苦如此吳泣曰吾知有死耳豈負亡夫哉隨淚皆血矢志益堅竟以壽終

馮氏徐郡妻郡贅於馮婚甫一歲以讀書勞瘵卒于

家遺孤尙志甫七日馮聞訃亟抱孤奔喪哭葬如禮姑以兒女畜馮馮以父母事舅姑委曲撫孤太甞詈楚迨孤長娶婦舉孫馮私心稍稍喜無何尙志復疾歿馮長慟曰濡我數十年死者以七日孤耳孤且今遂去吾何以生因嗚咽不能食卒年七十三

徐貞娥葛之泰所聘泰病夭娥時年十四聞之遂閉戶自傷縞衣茹素杜足深閨室人無得啓其言笑每逢宴饗父母強之出堅卻不與守閨二一年病劇

骨立而死纔十六歲耳父庠生三陽哀其志合葬于之泰之墓陳恭介公爲立傳

陳氏徐萬選妻氏幼而警敏知書能詩然以爲非女子事不自表見年二十適萬選選力學病羸且革氏泣曰君讀書自斃妾不能防君且將從君地下護孤有尊人在無慮也選竟死家人環哭忽不見氏亟呼之已扃門縊矣救之移日始甦自是絕飲食父母來奪之歸奄奄不起一日遣人抱遺孤復姑且口占詩送曰今日兒生離明朝娘死別兒夫

不知娘娘死向夫說遂瞑一紙置拇指間云尋夫萬選妻陳氏七字將殮取手中紙堅不可拔卒年二十六嗚呼女烈死者固可壯矣若陳慷慨賦詩從容就死豈不尤賢者云

陳女貢生志竣女天性篤孝及笄值母葉病劇醫藥弗效乃夜於閨室剪股肉以進誡侍婢弗言無何女旋病而母竟死志竣見女肱曲不伸廉其故婢乃言之已而女哀號哭泣枯槁以死志竣業將白之當道乞旌未幾亦以暴疾死遂無有表之者

邢氏徐如山妻端恪慈惠年二十二夫死遺子廷英不事膏沐日事紡績孝養舅姑和洽妯娌無間言課子力學甲子登賢書每以忠孝大節周恤民艱訓英有賢母風子廷英更名一掄仕保山令擢御史上疏母節賜建坊旌表

呂氏縣令史膺應奎之妻氏係姚江名族幼嫻閨訓適膺甫二載生子樂生方週歲奎早卒氏年僅十八哀慟毀容誓不復生幾絕姑慰以育孤嗣後爲重哀泣受姑命矢操井臼孝養純篤課子樂生尊

師敬友動遵禮法每朝夕以立身成名訓子及孫里黨咸欽重之孀居四十餘載貞潔和惠終始如一有賢母之風享年六十有八孫徵麟順治丁酉鄉薦

丁氏徐振德妻適徐甫三載生子勲振德以暴疾亡氏年方二十痛哭哀號誓死不復生姑周氏亦孀居號泣云吾家兩世不絕如綫幸有一孫天或祐汝俾其成立嗣續徵祖遺業今死不如養孤祖祀勿殄也氏痛絕復蘇者再因受命奉姑撫幼艱苦

備歷教子勲一循禮法孝先和族比之孟母咸敬之姑周氏年登八旬氏亦踰六袠矣孝養無一刻離左右湯藥必親姑病劇氏割股和藥以救姑獲病痊人以爲至孝感天云享年八十有六卒葬大齊嶴邑侯陳公重其節孝爲禁採樵辛丑年高公之蕙特書完貞純孝以旌其閭鄭公僑批貞節比于松筠孝心堅于金石弱齡矢誓白首不渝允宜志載以揚徽美子勲歷任江西建昌府南康府幕築城濬濠捍堤惠政及民人多思之

黄氏庠生張應春之妻年二十三歲應春苦學病瘵生子星甫周歲家貧守節萃功紡績度日教子力學負笈從師白首不出戶庭鄉人咸尚其節子星郡庠生

俞氏唐會七妻年十六適唐踰年生一子會七早亡氏哀慟毀容誓死不貳孝養姑舅撫遺孤有成立訓子勤儉力作克繩祖業構宇闢居子孫俱藉其庇享年七十有三

張氏竺四妻年二十夫亡遺孤一恭肅勤慎克孝舅

姑操井臼務紡績哄語無聞顏回莫覿訓子尤嚴
穀舅姑年八十二歲一日雙逝氏治喪塟如禮鄉
族賢之享年八十有四子邑庠盧中事母至孝

陳氏俞仲溥妻氏年十九仲溥死遺孤未滿歲氏堅
志守節不事膏沐操作紡績孝養舅姑有堂伯俞
淇逼氏嫁冀得財置餅欲毒其子子之餅忽不能
食氏疑予犬犬斃氏痛哭曰兒總死吾守必不可
奪也是夜夢其夫告曰兒之不受毒者予力爲之
今祈之冥府惡人死不遠矣次年三月伯以惡疾

甃氏勤儉苦積教子及孫年八十四而終

汪氏俞登七妻溫恭勤儉年二十夫亡遺一子方齔乳舅姑以其年艾欲令他適氏號泣曰婦道從一而已家雖貧甘勞苦終身教子成立日夜紡績供奉姑舅至髦抱哺諸孫方見笑容後通庠具呈各憲旌表

陳氏儒士許成義妻賦質賢淑甫于歸即脫簪珥助夫讀書年二十四夫死苦志守節孝養舅姑子就外傅氏倍加儆禮始終如一每以成德立名規訓

諸子倪文貞公爲立傳贊子弘人吉人並有聲學序吉人貢生

陳氏郡庠生葛承憲妻年二十三憲以暴疾亡子幼族有盗者憲擯斥之乗憲亡盗欲殺其婦及子氏避得免盗焚其廬後苦積復搆堂伯其以祖塋盗賣于會稽勢宦氏罄家貲以贖事舅甚孝課子惟勤享年八十有四子三龍三友俱邑庠生

張氏唐裕七妻年十七適唐甫合巹未旬日裕七客遊于外不歸氏堅志苦守侍奉姑舅克盡孝道晚

年坐一靜室朝夕焚香人罕得見其面終始不改節焉

陳氏儒士趙則乾之妻刻苦力學早卒遺孤尚在繈褓陳氏年甫二十鄰里皆謂是藐諸孤安能望其成立時氏聞之痛絕復蘇以舅姑尚在嬰兒未立強飲食紡績度活事姑舅至孝出吉必先奉姑舅餘以哺孺子垂老如一日鄉里皆稱其爲苦節云

張氏生員張德徵女鄭宗英妻時山寇出没無定官兵偵寇所過即踵俘掠己丑十月官兵至瀝頭張

氏偕姑避至珠龍山猝遇騎兵綑追張去張牽姑衣騎鞘刀擊姑仆地挾行里許經施家池池追道傍張奮身踴躍赴水死騎不得勾目見貞烈衆皆嘆惜稱烈婦而去

張氏　張村人王肅三之妻戊子四月官兵捕賊王雅四未獲竟纍繫數十婦人去張被獲時欲自殺不得被縛馬上至交水溪橋卒不備掙縛躍入水中遂觸石破顱而死此與廟祀清風者無異稱首烈焉

車氏生員謝弘濟妻事姑舅以孝敬聞戊子四月山寇躪入虞城夜半援勦兵至賊潰走城中男婦倉皇逃竄奔逸氏素守閨訓足不下堂兵廸喊殺甚震遂奮身躍入城河死鄉里稱其潔身全節咸哀慟焉

陳氏徐炳龍妻貞靜端方適徐不輕言笑足不踰閫會山賊亂官騎援勦氏避匿至黄家舉戶猝遇騎兵爲所窘逐氏曰寧殺我决不辱身因被殺暑月屍砂積間五日玉色如生人欽其烈

徐氏邑庠車見衡妻工部宗孺之女中丞純之孫媳也衡早亡氏年二十有三遺二幼孤敬事舅姑育訓二子俱入泮因貧館穀于外戊子賊入城氏駭甚至夜懸燈兀坐氏叔鈞衡爲兵所殺遂舉利剪搠喉自絕鄰里哀而誄之曰德第名姝閫閣少婦節孝已全老而彌烈卓哉邁倫永可風世

項氏處士張起龍妻龍苦學善文不幸早世遺幼孤瞻甫三歲氏年二十有四矢志孀閨艱苦備至奉舅姑撫弱稺所贍給出自紡績女紅尤篤於訓子

瑞弱冠游庠有聲黌序惜勿永年氏之婦德苦節殆不愆閨範者云

任氏儒士鍾強妻強疾亡氏年二十有四姑憐其少慰之曰家貧孤幼守節事難氏泣云媳有子即吾夫不死何忍負義碎首誓不二姑因抱頭相向悲號後姑疾氏禱天自代割股進嘗姑疾頓瘳事聞郡伯湯公紹恩給扁曰節孝

章氏周國光妻光家貧苦學氏每伴燈夜讀相黽勉光死氏年十七族以氏無男女家貧勸之他適氏

持刀誓欲自殺後遂莫敢言形影相吊持身數十年終始不改節邑侯吳公士貞旌其門曰栢舟餘範

王氏曹夢斗妻二十一歲夫亡生子三貴甫四歲氏號哭悲哀七日水漿不入口舅以其年艾欲使更適氏毀容哀慟矢志苦守孝養舅姑撫育遺子迄有成立自艾至老閨訓慈範鄉鄰肅敬孫旋吉邑庠有聲譽序人謂氏貞德所遺云

李氏庠生徐啓聰妻聰髫年入泮苦學病歿氏矢志

孀居哀毀骨立每逢辰節哭泣不事膏沐垂老足不出閨閾操履冰霜終始如一奉姑韓氏尤盡孝養姑病篤焚香籲天割股和藥姑獲病痊鄉里咸稱節孝兼至焉

胡氏監生林苓之妻年二十二苓赴試北雍旋里即捐館氏矢志自守扃戶紡績事姑至孝會姑疾籲天願以身代病愈日惟課子成立後子孫皆蜚聲黌序壽至百歲守憲葉公顏其扁曰節壽雙全

俞氏陳倘禮之妻禮係竑齋公之孫性孝為儒士教

學在外氏居家事姑日勤紡績代夫晨昏定省減食奉姑值姑病危氏焚香禱祝誓以身代又割股和羹以進姑病得痊氏享年八十有二宗黨咸稱其婦道兼盡子職云

陳氏庠生石元道之妻氏方笄字三載生子夢鸎未及彌月氏夫元道夭逝悲慟即欲引絕痛念姑年邁若死誰依力勤紡績敬慎事姑克盡孝道冰操六十餘年始終如一值指周公延光旌揚節孝

陳氏大學士總漕沈公清遠之夫人生而穎慧端方

殁係虞邑隱士陳有信以賢行稱閨訓克嚴夫人
奉教惟謹及笄字沈生一女甫遇公被倪家謳詠
避地冀北旋北行二十餘載倪家僉云公不復存
夫人堅守苦節備歷辛勤奉姑太夫人陳氏克勤
孝養艱苦危疑毫不爲動外侮內憂處之怡然及
興朝定鼎公以元勳受命總漕夫人偕公奉養太夫人
于署朝夕溫凊終身孺慕至于宣贊鴻猷澤被蒸
黎保全越境惠及桑梓皆夫人雞鳴賤旦仁慈克
佐之功也享年六十有七誥封一品

陳氏太學生陸佩淳之繼妻少司馬五山公女孫氏生長宦門素性龍凝年十八適陸生二子宏詒寧詒淳前妻產子宗詒氏親愛一體無異淳赴試都門以疾卒氏謝絕鉛華砥節恭姜訓子延師勤遵禮法鄉黨以賢母稱每以勤儉餘貲賑施貧乏之累德基盛焉

王氏謝國武之妻甫婚一載懷孕氏年十九武以暴疾殞痛哭悲號欲以身殉舅姑強解之曰婦方震子姙賴天祐得產男嗣續武不死矣分娩果育一

子名徹周氏矢志冰霜奉舅姑以孝聞延師課子克勤慈訓子徹周蜚聲黌序食餼養親致有多男之慶氏享年九袠　卒天之眷德信不爽與

龔氏陳元新妻年二十夫卒産一子姑以其年少家貧勸氏他適氏齧左無名指泣血日并爲陳氏鬼莫作他姓婦日勤紡績事姑撫兒髮槁容枯値姑病割股和藥以救孀居三十九載終始一德年六十二卒

章氏徐祿十二妻年十九適徐二膺夙疾甫婚即卧

床席朞年辛生一女二旋逝氏苦志堅守精女紅勤紡績以自給敬事舅姑終身苦節依女養老至七十有六終宗黨咸敬而憐之

竺氏儒士金文煥妻及笄適金生二子德暉德明煥力學搆疾遽逝氏年二十三歲痛哭悲號欲偕死相從地下因矢志守貞孝養舅姑訓育二子迄於耄年始終一德鄉鄰共欽其節孝云順治丁酉邑侯陳公鶴徵適詳各憲旌其門曰節孝流芳

張氏太學生朱寰之妻年十八適朱生子鳴朝甫週

褱力學辛勤旋逝氏悲痛即欲引決因念遺孤強飲食矢志栢舟雖生長宦門不辭勞苦奉姑丁氏克勤克孝訓子動循禮法以致成立朝日務耕讀孝義之行聞于鄉里娶妻葛氏生子魁鰲壬午登鄉薦辛丑成進士能紹侍御三峯公遺業皆氏節孝所貽云

虞氏鍾省一之妻適鍾甫三載生子鳴岐省一蚤逝氏苦志守節紡績養育遺孤娶媳周氏年方十五克盡婦道值姑病醫禱無效周氏全夫鳴岐晝夜

悲號祈神願以身代割股和藥姑病得蘇後延年一紀事聞邑侯周公銓旌表其門曰雙孝可風

潘氏唐聞樂之妻氏適唐年甫十七克嫺婦道樂業儒攻苦成疾蚤逝氏方二十有一止生一女矢志守貞日勤紡績奉養舅姑以孝聞享年七十有五卒

黎氏宋大賓妻年二十歲賓患病淡藏氏揮泪延醫藥衣不解帶者累月勢屬不救即治二棺殮衣冥旌二人皆異之賓疫置二棺於寢殮其夫訖衣所

殮衣隨投繯於棺側鄰人驚救氏縊結甚固牢不可解遂死事聞邑侯周公銓表其門曰有烈士風墓在皂李湖東

謝氏陳允敬之妻年及笄適陳甫三載得生一子允敬旋殁氏矢志冰霜敬奉舅姑撫育幼子與其成立步履不出閨閾人罕得見其面終始如一鄉黨皆欽其節孝云郡守王公期昇旌表其門曰節孝可風

顧氏儒士陳喈和妻青年孀居矢志栢舟姑病夜不

解衣侍湯藥一日病篤焚香告神祈以身代涕泣悲號如是者浹日其姑夢神告曰汝命當終念爾媳行孝當增壽考姑驚寤霍然而愈其孝感如此

陳氏守備趙燮英之繼妻氏賦性仁孝年及笄配英爲繼室英客游都門鮮家居先有二子二女氏曲盡母儀無間言氏年方二十英病故遺腹產一子嘶居苦守撫孤奉先孀居三十載操履冰潔守憲旌表貞節云

陳氏王寅十五之妻氏質性聰慧頗識諸文墨年十八

遣王甫二載寅出游淮揚遇害無子氏堅志苦守倚父紡績度日并守澹泊終其身宗黨咸稱苦節云

袁氏陳範十五之妻氏桃夭將届範十五殤訃遂泣血哀懇父母哭臨靈柩堅矢靡他之志克孝舅姑代完子道歸寧母病劇割股以救克勵堅貞年二十有五而卒至陳八載承服齊衰泣泪交順悲哀殞身鄉人無不憐而敬之

陳氏廩生徐承宣妻叅政徐惟賢之孫媳也承宣年

甫十三督學紫溪蘓公首拔之即與超補宗人方以遠大期之年十九蚤逝生子復光甫二歲氏雖居宦門縞素茹淡矢志苦守子復光年十六游庠二十一歲娶妻李氏得生一子復蚤世仝姑守節上承先業訓育遺孤蓋一門雙節云子開美邑庠生

徐氏　邑庠謝弘功繼妻功年少喪偶苦志篤學明經徐斗祥招爲贅婿甫一載功即病劇氏忌聞病于歸功卒氏哀毀慟絕欲與俱逝姑丁氏勸慰少甦

卽立誓栢舟氏無所出前孤方三歲氏鞠育惟勤
訓誨尤摯且侍姑孝養甚周足跡不離閨㦸者四
十載辛亥姑年八旬一日夢神人告氏曰七月初
五夜家有大災汝節孝已至勿戀巳貲可速救姑
出難醒卽記之初五夜果樓焚廹姑卧室携侄婦
葛氏衝火掖姑得脫于災而巳貲盡付祝融無少
憾焉因奉姑挈子婦移居斗室供膳益虔可稱節
孝兼優子文瀾積學力行克遵母訓云

黃氏陳季玉妻生長外祖謝學菴公家少隨母從外

祖宦遊年十八歸遺季玉敬事舅姑佐夫晨夕宗黨皆賢之兩歲而季玉驟故氏懷姙五月生一女氏遂矢志不渝事舅姑益謹舅常如以後嗣不蕃晚年納妾生子家計日蹙憂無以贍氏曰吾奩資頗可自給將得分田産與叔可也以不忘謝氏德必擇謝裔爲贅婿且延師偕其侄尹業訓課成學不意嵐山寇發常如以横禍破家氏悉出所有以救其舅而室已磬懸矣因就養于婿邑庠謝鑄以終其身婿亦事之如母爲之置産存祀焉

寓賢

人情重去其鄉當播遷時固自不免然覽輝而下必于德鄰仁里假令虞爲勝母朝歌也者則子輿不入而翟且迴車矣别遇者或遊覽其間或吊民其處甚則終其身而長子孫卒斯葬斯世守丘隴而綿箕裘志乎其爲寓也可無志哉志寓賢

春秋陶朱公即范蠡字少伯楚人相越滅吴功成逃泛五湖後又相齊徙居陶號陶朱公嘗寄跡于虞虞西溪陰有槎大十圍公時乘之垂釣公去槎墮

水不復浮名其山曰釣臺就其地祠以祀公迄今不衰祥祠記中宋范文正公題其寓宅詩云翠峯高聳白雲閒我祖曾居水石間千載家聲猶未墜子孫常解愛青山

漢梅福字子真九江壽春人少遊長安明尚書穀梁春秋為郡文學補尉南昌成帝時王氏浸盛災異數見福雖孤遠屢上書譏切王氏帝不能用遂棄官歸壽春元始中王莽專政一朝棄妻子去人傳以為仙有見之者變姓名為吳門市卒嘗居竹橋寺汲井煉丹後名其井曰梅仙井又曰梅泉云

袁忠汝南汝陽人安之玄孫也與同郡范滂為友同陷黨獄得釋初平中為沛相乘葦舟到官以清亮稱及天下亂棄官客上虞嘗乘舟載笠詣太守王朗見朗騶從繁麗鄙之即辭去後徵為衛尉未至卒子秘擊黃巾賊戰死詔旌其門見東漢袁安傳

晉虞潭字思奧會沈充等逼京師潭起兵至上虞有野鷹飛集屋梁衆懼潭曰起大義而剛鷙之鳥來破賊必矣後如其言見晉書本傳

謝奕字無奕廬陵人寓始寧桓溫辟為安西司馬在

温座岸幘笑詠嘗就温飲入南康主門避之主曰公若無狂司馬何由相見奕携酒就廳事引大兵帥共飲曰失一老兵得一老兵温不之責爲豫州刺史

阮裕字思曠陳留尉氏人祖略齊國内史父顗汝南太守少有德行淹通義理器識過人居會稽剡縣志尚肥遯嘗自足于懷除東陽太守徵侍中皆不就有問王逸少曰此公寵辱不驚雖古之沉冥何以過此嘗一至京師即還諸人追之不及劉惔嘆

曰我入東山當泊安石渚下耳不敢復近思曠傍

後隱居東山終日靜黙而物自宗焉復召爲散騎常侍領國子祭酒卒葬剡山

王修齡名胡之常寓東山甚貧乏陶範爲烏程令以米遺之不受直答云王修齡若饑自當問謝仁祖索食不須陶米按仁祖謝尚也胡米陶範小字侃第十子

許詢字元度高陽人有才藻善屬文嘗與謝安同寓東山好爲清談人皆慕之晉元帝渡江遷會稽內

史因居焉好隱不仕召爲諫議郎不就築室永興縣西山蕭然自得號其岫曰蕭然山後入剡山莫知所終或以爲昇仙

南宋 杜京産字景齊錢塘人少恬靜絶意榮進專修黄老之學會稽孔覬有峻節不輕交與一見京産即爲款交州郡辟之輒稱疾去與同郡顧懽愖始寧東山開舍授學劉瓛入東山與之遊曰杜生當今之高尚也後于日門山聚徒教授建武中徵爲員外散騎常侍京産曰杜生持劍登白壁所回不

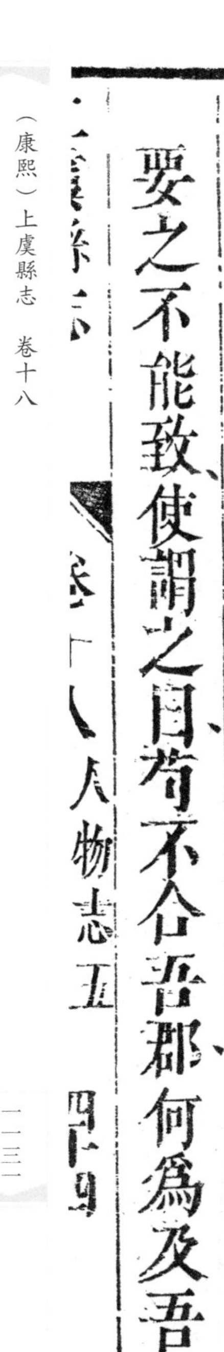

就卒、

顧歡字景怡、鹽官人、年六七歲時、父使田中驅雀、歡作黃雀賦歸、雀食稻過半、父怒欲撻之、見賦乃止、家貧無以受業、每于居後聽人講誦、入耳無遺、夕則燃松節讀書、後至虞東山、與杜京產開舍授經其下、有顧墅在焉、

孔淳之字彥深、魯人、少有高志、居剡、性好山水、每有所遊、必窮幽峻、或旬日忘返、會稽太守謝方明苦要之不能致、使謂之曰、苟不合吾郡、何為及吾郭、

淳之笑曰、潛遊者不識其水、巢居者不辨其林、飛潛嘆、至何問其主、終不肯往、茅屋蓬戶、庭草蕪徑、惟床有書數帙而已、元嘉初、徵爲散騎常侍、乃逃于上虞界中、家人莫知所在、見南史本傳

唐賀知章、字季眞、四明人、嘗乞鑑湖一曲以歸老、又築室四明山之鹿亭樊榭間、其山與虞東南接境、因又僑居嶀山下、其溪環流清駛、後人遂名賀溪、鴛橋溪上曰賀溪橋、鑿字于石、稍志不諼也、地以人勝、信夫、

宋朱熹字元晦婺源人治平中胥遊始寧李莊簡公潘寳謨時刱月林書院以迎之遣其子姪受學焉公過五夫馬融故里賦詩以遺故人已過觀文殿學士孫邦仁遂相與契洽復延居西溪湖濱著大學中庸章句或問彌年後即其所居名泳澤書院其墨跡留虞者甚多故家往往有存者

王義朝字國賓處州麗水人登宋紹興二年進士第主邵武軍光澤簿調紹興府教授因家上虞

夏榮字子顯世居汴梁以詩禮名家値時孔艱僥就

武職高宗南渡扈蹕東征高橋之戰身被五千餘鎗忠憤益奮大呼而進金兵大敗遁去授兩浙節度使守越後病退老上虞謚曰英

明朱右字伯賢臨海人元至正間司教蕭山慈溪因家虞之五大夫市博學好古後進多從之遊洪武間采濂薦入翰林歷官晉府長史聲動朝野所著有性理本原書傳發揮春秋傳類編秦漢文衡深衣考邾子世家元史補遺歷代統紀要覽白雲稿行于世卒葬蘭風鄉

王霖字叔雨括蒼人學博詞古清修可尚爲士林儀表官登仕郎浙江行樞密院都事元季擾攘與弟麃過上虞樂菨湖之勝遂家焉葬鮑家灣

王麃字熙陽與兄霖同居研窮諸經奥旨善琴制風木吟洪武初學士危素薦爲太子說書以翰林編修使交趾除工部員外終陜西布政所著有史纂四書詳解三禮纂要書海通辨交山集廷論南征錄

王王字宗孚山陰人孝友淳朴動遵禮度爲後進儀

表以先世有川廬在菱湖元季不靖同昆季渡姚江寓焉杜門畏影晚年益敦友愛與弟宗尹哦咏自怡相繼而終

仙釋

二氏君子所不談談亦非易彼其羽化庖壁實浮遊於埃壒之閒皭然不滓矣風波之民至是屈焉然而非今之託以鼓惑陽施陰賊之也高明者務洞其眞贋焉志仙釋

漢魏伯陽博習文詞修眞養志將弟子三人入山煉丹丹成知弟子心未盡乃試之曰丹旣成服之卽死有一弟子曰吾師非凡人也服此而死將有意耳乃服丹卽死餘弟子不服共出山求棺伯陽卽

起將服丹棄子而去因逢人入山伐木以書寄謝二弟子作參同契五相凡三卷其說似解周易實假爻象以論作丹之意今縣西南金罍山尚存修煉遺跡云

葛元字孝先選蘭芳之勝以事修煉時有人漂海遇風忽至神島授以一函題曰寄葛仙公後云汝歸會稽爲我達元出是皆稱仙公世以爲仙翁云漢和光二年正月朔日仙公于上虞山感太上遣元一二真人太極徐真人授以三洞四輔經錄修立

秘訣金書玉諾符圖又命王思真披九光玉韞出洞元靈寶經典七品齋目勸戒法輪無量通元轉神入定等經以授公故陶隱君爲仙公銘曰馳涉川嶽偃蹇蘭芳而顧壁灘近有葛公山其中石室如塚相傳葛仙公葬處傍有石臼不銚洗藥溪至今水清徹底有石磊磊如丹沙遺跡猶存焉

吳劉綱字伯經初居四明爲上虞令尚清淨簡易而政令宣行民咸受其惠爾事白君受道功成與妻樊夫人俱有道術暇日常與夫人較綱唾盤中成

鯉魚樊噀成獺綱作火燒客碓屋從東起夫人禁之火即滅綱與夫人入四明山路阻虎綱禁之虎伏不敢動適欲往虎即噉之夫人徑前虎不敢仰視夫人以繩繫虎綱試綱輒不勝將昇天綱昇樹數丈方能飛舉夫人平坐冉冉如雲氣之騰後唐貞元中湘潭有一媼不云姓名但稱湘媼常依人舍十有餘載以丹篆字救疾莫不應鄉人敬之爲搆華堂數間奉媼媼曰但土木其宇足矣常杖曳履日可數百里忽遇里人女曰逍遥年二八攜筐

採菊遇媼瞪視足不能移媼亦目之曰汝愛我可同之所止否逍遙欣然擲筐斂衽稱弟子從媼歸父母追及叱而返令逍遙操益堅竊索自縊父母度不可制遂捨之復請媼但掃塵易水焚香讀道經而已後月餘媼白鄉人曰某暫之羅浮扃其戶慎勿開也鄉人問逍遙何之曰同往如是三稔人於戶外窺見小松迸笋叢生階砌及媼歸召鄉人同開鎖見逍遙惰坐于室媼以杖叩地曰吾至汝可覺逍遙如寐醒然起將欲拜忽遺左足如刖于

地媼令無動拾足勘滕噀以水如故鄉人大驚檄之如神數百里皆歸之一日忽告鄉人曰吾欲往洞庭救數百餘人命誰有心爲我設船里人張珙具舟檝自駕而送之至洞庭前一日有大風濤撼一巨舟湊于君山島上而碎載近百餘人然不至損未有救各居島上忽一鼉長丈餘遊涉上數十人攔之擲殺分食其肉明日有城如雪圍島上人莫能辨其城漸窄入忙怖號叫囊橐皆爲虀粉束其人爲簇約廣三四丈勢已危急時媼舟已至媼

遂登島拔劍步罡噀水飛劍而刺之有聲如霹靂

城遂崩乃一白鼉蜿蜒而斃遂救百餘人島上人

咸號泣禮謝其舟遂返湘潭適有道士與媼相遇

曰樊姑爾許時何處來甚相慰悅其詰其故曰劉

綱眞君之妻樊夫人也後媼與逍遥一時返眞

晉吳猷與鄉中騎牛從西入太岳山牛步皆其故跡

遇一嫗問途忽有負嫗而投諸淵者猷飛錫救之

水立涸今乾溪是也方誦經有猛獸巨蟒交見猷

不動後有神詣猷遂謝顧他徙鼓角發空而起遂

不見曇猷尊者即白道今遂稱白道猷嶺與潭云其下龍堂有尊者廟向或作帛

葛洪字稚川仙翁從孫以儒學知名性寡欲不樂榮利好神仙導養之法初仙翁以煉丹秘術授弟子鄭君稚川就鄭學悉得其法修煉於虞太平山煉丹石方數丈又有石如臼如釜今見在咸和初王導選爲散騎常侍固辭不受聞交趾出丹沙求爲句漏令乃止羅浮山煉丹自叙云我勁翮于鸞鳳之群藏隱跡于跛驢之伍藜藿有八珍之甘蓬華有

藻梲之樂著內篇一百一十五篇皆言神仙黃白變化之事號抱朴子至八十一尸解顔色如生舉尸入棺如空衣然

齊陶弘景字通明丹陽秣陵人十歲得葛稚川神仙傳便有養生之志曰仰青天覩白日不覺其遠矣南宋末爲諸王侍讀齊永明中脫朝服掛神武門上表辭祿特賜束帛月給茯苓五斤白蜜二斤以供服餌上句容句曲山第八洞宮名金壇華陽之天周廻百五十里山中立館號華陽隱君弘景與

梁武帝嘗及即位書問不絕冠蓋相望給黄金硃砂曾青等物後合飛丹色如霜雪服之體輕帝益重之國家每有大事無不咨詢門中常數往時謂山中宰相性愛松風庭院植松每聞其聲欣然以樂有時獨遊泉石望者以為仙人年八十五無病而逝謚貞白先生上虞南有象鼻洞下有川曰釣川隱君常垂釣其上

唐孔莊蘂三仙女仙也天寶間往武夔學道棲天柱峯下一日遇大姥元君授以丹訣令往東南壽雲

虛洞修煉至君峯果得仙洞遂煉丹焉宋治平間有江公者至山中得一小徑深入忽有洞府曰雲虛之洞中有朱牌金字題曰太素孔元君太薇莊元君太妙葉元君有仙童引入見欵以胡麻飯江辭歸因語其詳比至家已三載矣出武夷志

清晝字皎然南宋謝靈運十世孫有詩名居吳興與國寺與刺史顔眞卿諸名士酬唱及與撰韻海鏡源著儒釋文非傳及經典類聚十四卷見浙江通志

宋

法慈長慶寺僧平日深居簡出掃一齋終朝宴坐

而庭有花竹泉石頗饒幽趣士大夫往遊焚香煮茗延納無倦會其童行辭往行在所請給僧牒慈語曰汝去宜速回一日言還慈喜曰得汝歸甚好時方盛暑師令速具湯沐澡更衣端坐其徒往視之日將暝亟呼曰和尚幸自得恁好何不留一訟于平日何不早道我我但說汝代書云無始刼來不曾生今日當場又誰滅又誰滅萬里炎天一點雪語僅脫口而逝

了演禪師少緣東山廣化聽秀禪師夜叅師有省發

徧扣諸方宗師俱不契徑趨衡陽投大慧禪師宗
杲一見器許杲詰其徒曰若輩如鐵刺窓微見光
耳演乃一踏鴻門兩扇開者也自歸安崇光移住
象田繼移靈隱

咸潤法師邑人姓鄭九歲祝髮于上福寺越七年遊
天台觀智者佛隴因灼臂以禱願習教院觀法遂
越江抵錢塘依會法師講席究天台法深得其奥
景德中邑令裴煥請演教于等慈寺後徙隆教承
福二院从至聽法者動以千數得法成名者二百

餘人至祐三年四月忽與友語別趺坐而化遺塔
在等慈寺東廡之北
月菴禪師名守仁姓莊受具于等慈寺脩妙喻初習
南山律未幾徧詣禪林遂悟宗旨七住名山道譽
甚高在長蘆嵩歲歛衆逾五百雖折床容能而不
忍去其爲學徒傾慕如此有月庵語錄行于世
自得禪師邑人姓張名惠暉早歲出家于澄照寺遍
叅諸方時宏智覺禪師主天童法席師叅左右密
授心印從此悟入嘗撰六牛圖頌以見意住雪竇

三十年道聲益著後住爭寺孝宗召見加獎曰真
道人越三年復歸雪竇未幾圓寂
妙義大師少歷外方晚住邑之象田每遇寒暑一衲
不易紹熙元年三月與鄉人別曰頗厭世味一切
皆空吾當逝矣衆以其平生愚癡莫有信者俄然
秉筆書偈曰來若一輪皎月去亦秋空無別本無
來去若爲過片片楊花飛白雲書畢趺坐幾上現
三昧火自焚而幾不壞
元方岩和尚名懷則邑人幼聰敏依澄照寺出家宋

景定間祝髮受具鋭意叅學往天竺諸寺究尋智者教觀洞明心地四十餘年悟觀音妙辨元至元中朝旨賜與教大師出世天台白蓮寺學者雲集十年退休杭州南竺高麗王子聞其道附書相邀師以年老力辭後住杭州大圓覺寺壽八十餘書偈而逝有天台四教儀要正行于世

志廉法師化度等僧仞遍叅宗門晚節一意西方慶元秋八月書偈别衆曰我夢見阿彌陀佛大衆圍繞而說法諸上善人當須專修淨業往來我國說

也師憶我既見相去任畢矣遂向西方作禮跌坐
而逝

妙智大師名志遠姓呂餘姚人十七歲于等慈寺爲
僧遍遊諸方叅聽天台宗教得悟大義嘗講于朝
錫師號遂爲會稽講席之冠諸名公皆愛重之至
七十而謝世未終前二日淨髮易衣手筆遺偈經
五日荼毗于烈焰中身不歛側齒根不壞其徒收
遺骨建窣堵坡于西湖南庵

明雨和尚長慶寺僧國初赴縣祈雨懷中取火自焚

大雨如注後屍棺送回雨隨至本寺人號雨和尚葬鳳山造塔於上

岱宗和尚名心泰號佛幻叟姓孫邑人幼從余杭猷學受具等慈寺嵩岳雲從噩夢堂禪師究竟宗學又從縣尹林希元學古文始住東山國慶寺累遷徑山退休等慈年九十六圓寂所著有金湯編

潘勉之由徵辟爲太常卿有道術能以符呪召神將一日無事偶召神隨至而無所處分神怒擊其首流血被面遂成瘡不愈後每召而或不應以瘡痂

背爐中神即至邑人稱爲潘爛頭云

[illegible]裳字丹霞號塵外道人嘗遊天台丰姿玉立夐出物表讀書明理善詩章習張卯之學撥五雷法每遇旱熯人必延之禱輒應皆謂有仙風道骨云年八十六終葬九峯西山頭

國戚

虞之係國戚者獨宋寧宗后楊氏耳其他影響傳聞不敢漫附懼失實也漢唐以母后外戚干政釀禍多矣而宋獨享其福楊恭聖之爲后雖遠遜高向乃其深計除奸納言還政亦足稱賢至于次山之遠權介子之辭祿豈不猶然退君子哉志國戚

后紀

宋寧宗皇帝后姓楊氏浙之女涉書史知古今初爲貴妃與曹美人俱有寵嘗作宮詩有云瑞日曈曨

散曉紅乾元萬國佩丁東紫宸北使趨蹌退百辟同趨德壽宮　又

元宵時雨賞宮梅恭請光堯壽聖來醉裏君王扶上輦鑾輿半夜點燈回　又

櫻枝挾雨掛新綠桃蕊含風破小紅天上春光偏得早差義宮殿五雲中　又

溶溶太液碧波翻雲外樓臺日月明春到漢宮三十六爲分和氣到人間　又

繞堤翠柳忘憂草夾岸紅葵安石榴御水一溝清徹底曉來時泛小龍舟　又

角黍冰盤餖飣裝酒闌昌歜泛瑤觴近臣誇賜金書扇御侍爭傳佩帶香　又

朶榴花插鬢雅君王長得笑時誇　內家衫子新番
出淺色新裁艾虎紗　又　簾幙深深四向垂清和天
氣漸聲遲宮中閣裏催繅繭要趂親蠶作五絲　又
曉窗生白已鶯啼啼在宮花第幾枝烟斷獸爐香
未絕曲房朱戶夢回時　又　後院深沉景物幽奇花
名竹弄春柔翠華經歲無遊幸多少亭臺廢不修
又　思賢夢寢過商宗右武崇儒治道隆總攬權綱
求治理羣臣臧否疏屏風慶元六年韓后崩時韓
侂胄當國以后明敏將不利于已而曹氏柔儒勸

帝立之帝不聽竟立爲后后旣立勸帝誅侂胄以
清朝政卒定計殺之及帝崩理宗卽位進爲壽明
仁福慈睿皇太后垂簾聽政寶慶元年四月以疾
撤簾紹定五年十二月崩謚曰恭聖仁烈皇太后
寶慶六年葬會稽之寶山今給像神位俱藏明德
觀

楊次山少好學能文儀狀魁偉補右學生以貴妃戚
屬累遷帶御器械知閤門事及册爲后授福建觀
察使尋拜岳陽軍節度使加太尉韓侂胄誅加開

府儀同三司尋進少保封永陽郡王克萬壽觀

致仕加太保改封會稽郡王次山能避權勢不預

國政時論賢之嘉定十二年卒年八十一贈太師

追封冀王子二谷石谷官至太傅保寧軍節度使

克萬壽觀使新安郡王石字介之乾道間入武學

以恭聖仁烈后貴賜第慶元中補承信郎尋帶御

器械時金使驕倨自矜善射石從容起挽弓三發

三中的金使氣沮久之以檢校少保封開國公寧

宗崩宰相史彌遠謀廢皇子竑而立成國公昀命

石與谷白后后不可曰皇子先帝所立豈敢擅變谷石凡一夜七往反以告后后終不聽谷等拜泣曰內外軍民皆以歸心苟不從禍變必生楊氏且無噍類矣后默然良久曰其人安在彌遠等召昀入遂矯詔廢竑為濟王立昀是為理宗授石開府儀同三司充萬壽觀使時太后垂簾人多言本朝世有女后之聖石獨曰事[illegible]谷繫言昔仁宗英宗哲宗嗣位或尚在幼沖或撫育宮中軍國政事有所未諳則母后臨朝宜也今主上熟知民事天下悅

服若不早還政得無啓小人離間之嫌乎乃密疏
章獻慈聖宣仁所以臨朝之由遠及漢唐母后臨
朝稱制得失上之后覽奏即命擇日撤簾進石少
保封永寧郡王石性恬澹每拜爵命必力辭至恭
聖祔廟進太師兄谷疑于辭受石力言曰吾我非
有元勛碩德徒以恭聖故致貴顯曩吾父不居是
官今吾兄弟儼然受之是自速其禍耳矧恭顯抑
遠族屬意慮深遠言猶在耳何可違志合疏懇辭
不受屬疾進封魏郡卒年七十一贈太師

楊鎮節度使蕃孫之子尚理宗皇帝女周漢公主

上虞縣志卷之十九

典籍志

著述詩文　碑刻

越故有宛委藏不謝石鼓漆簡能使千載攻秘者艷說如以三十乘闞靡祗足盖秦火耳若夫閱市助中郎之談叅同契羽士之秘累代以降闓闢詩書奚啻貴洛陽紙也越文獻地虞稱最古竊嘗聆七始之餘音者乎作典籍志其屬爲著述爲詩文爲碑刻

著述詩文類

漢

魏伯陽　參同契

魏郎　魏子

王充　論衡　六儒論　養性書

晉

嵇康　高士傳贊　太史箴　養生論

淳于斟　參同契註

宋

李光　易傳十卷　兵略十卷　神仙傳十卷
　文集四十卷
李孟傳　左氏說　讀史雜志　記善書
　記異書　磐溪詩文稿　宏詞類稿
趙子潚　奏議百卷
劉漢弼　忠公奏議
劉漢傳　止善集　通鑑會評　洪範奥旨

元

徐昭文　綱目考證

明

朱蔚　性理本原　書傳發揮　春秋傳類編
三史鉤元　深衣考　鄒子世家
元史補遺　歷代統紀要覽
秦漢文衡　白雲稿　歷代儀制

王蘇　廷論　南征錄　史纂
四書証解　三禮纂要　左氏鈎元
書海通辨

劉履　選詩補註　續編補遺

風雅翼十四卷　草澤閒吟

葉砥　坦齋集　退斬稿　芝山稿

經筵講義　鑾坡稿　溪居稿

杜庸　春秋疑義　名家元音

王義朝　禮制五卷　易論十二卷

易說十卷

丁宜民　康山詩集

劉鵬　翼南詩稿

謝肅　密庵詩文稿

薛文舉　訥齋遺稿
薛常生　白庵稿
夏時　守黑稿
柳南　南軒稿
徐顯　成玩稿
葛貞　悠然集
范彰　和陶詩　守拙稿　歸田稿
姚輯　守齋詩稿
陳山　欣木稿

管佑之　宋史斷

范朩　金蘭編

薛伯順　登雲稿

俞繪　閑道録　井天集

薛貴　文獻集

陸淵之　東皐集

潘府　五經四書傳註正　素言

奏議别稿

王進　愚遇録　太呆集

葛鍊　蚓吟稿

鍾禮　突兀子集

徐子熙　貽穀堂集

葛浩　兩溪詩集

顔鯨　四書証疑　禮經疏義　簡齋詩集

徐文彪　貞晦集

張文淵　東泉百詠　衛道錄

朱袞　三峯集　拂劍錄　水衡餘興集

夢劍緒言　寧幽花賦　大學信心錄

大小學範

車璲　百山存稿　備邊五論

葛木　郵炎疏草　卹刑疏草　巵山集錄

巵山遺稿

王仁　家禮通考　勿齋文集　獨見編

姚翔鳳　疏註庭傳　餘生近記　蘿東拙稿

陳絳　金罍子

謝瑜　奏疏　遊蛾集　循齋詩稿

徐學詩　龍川詩集　奏疏

徐惟賢　五橋詩集

謝讜　海門集　草言

葛楠　學到吟

陳希周　道濂文集　仕優稿　紀遊集

陳綰　蒲州集

葛泉　一洒齋漫稿

葛焜　感世編　了閒集覽編

陳王政　一得子　井魚集

倪鑑　西原日紀　務本錄

徐希明　吹塤集

顧克　字義考畧　歷朝提錄

鄭舜臣　龍坡文集

倪涑　船政新書　經濟管窺　理學度鍼

保民更化錄

倪元璐　應本　歷三朝要典疏

兒易內外儀春秋鞠說

徐如翰　忠孝未揚疏　櫃燕山詩集

鍾穀　顯忠錄

丁進　性理纂要　講幄日編　召對記評

周夔尹　磯公履歷

唐

釋清晝　韻海鏡源　儒釋文非傳

經典類聚四十卷

宋

釋守仁　且庵語録

釋慧暉　大學圖頌

元

釋懷則　天台四教儀要

明

釋心泰　金湯編

碑刻類

漢

邯鄲淳曹娥碑記

晉

孫綽太平山碑銘

陶弘景日門館碑

法果寺集王右軍書碑

五代

唐方干聖官灝碑銘

謝康樂山居賦

吳越

錢鏐浚舜井得寶物碑記

宋

豐誼重[illegible]儒學碑記　王鈺東山記

方元[illegible]碑記　孫應時清水閘碑記

袁燮重[illegible]碑記　劉英發寧泉寺碑記

李知退[illegible]善[illegible]記　趙抃賓利侯廟碑記

李孝先先賢祠碑記　趙抃劉[illegible]門碑記

趙友直視清亭賦　江公亮朱娥碑記

釋仲休法果寺碑記

元

秦不華更緝明倫堂碑記

劉仁本築海堤碑記

夏泰亨重作海堤水閘成碑記

貢師泰復夏蓋湖碑記

張守正白馬湖均糧碑記

汪文景築城碑記

余元老金罍井碑記

余懸瓉思賢橋碑記

楊彝泳澤書院碑記

陳自立道愛堂碑記

虞集悅茂堂碑記

胡長孺上栗寺碑記　　韓明善旌教寺碑記
任士林福仙寺碑記趙孟頫書
方九思慶善寺環翠樓碑記
許明奎崇福報恩寺碑記
楊傒斯蓮峯寺碑記　　韓性重修曹娥祠碑記
趙俶沃清閣碑記　　孫嵩明因寺碑記
趙子昂蘭芎碑記

明

張居傑復縣署碑記　　董玘譙樓碑記

楊文明上虞縣知縣題名碑記　預備倉碑記

陳敬宗重修學宮碑記　陶望齡置學田碑記

潘府科甲題名碑記　顏洽歲貢題名碑記

陳絳重建社學碑記　朱袞復城碑記

汪侯度去思碑記　楊侯紹芳去思碑記

陳侯大賓去思碑記　楊侯爲棟去思碑記

董玘南山碑記　謝肅重築海堤碑記

朱濂夏蓋湖碑記　王儼夏蓋湖水利碑記

姚翔鳳修大小查湖夾塘碑記

待制趙俶皂李湖水利碑記

邑侯朱維藩復西溪湖碑記

學士王景章皂李湖水利碑記

顏洪範復漳汀湖碑記　鄭麟百雲湖碑記

倪東徐侯修學碑記　胡侯新安閘碑記

邑侯胡思伸新安閘碑記

侍郎周恍皂李湖水利碑記

張文淵放生池碧沼呈祥碑記

張承賚奎文塔碑記　郡侯朱公芹皂李湖碑記

邑侯楊爲楝等慈寺碑記　郡侯朱公祠碑記

邑侯朱維藩明德觀碑記

謝丕元妙觀碑記　陳洙橫塍壩碑記

邑侯胡思伸修創城隍廟碑記

葉砥陶朱廟碑記　孫如游仙姑祠碑記

朱袞鄭公祠碑記　何大化胡侯德政碑記

林仰成重修崔公祠碑記

蕭良幹復西溪湖泳澤書院碑記

朱袞水東精舍碑記　郡侯張公皂李湖碑記

明儀表御史葛啓墓碑　郡侯張公生祠碑記

孫鑛表大理寺卿贈刑部右侍郎葛浩神道碑銘

黄佐表參政葛木墓碑

王守仁題處士許璋墓碑

按昔史氏志𦙶文皆備載書目如唐之四庫是已今户絃誦而家鉛槧安能悉其鄴架之藏第就所著作及傳記所述者錄之以見一邑之人文然如雲芽先生王徵君而下多散軼不可盡睹矣若碑刻則以古初名筆爲最輓近礱石而書者種種不

妨温子升祇與寒山片石語也雖然必取齊於幼婦詞即舉世且不多見固知不朽之業安事汗克爲哉

古蹟志　墳墓　地　器物　遺摭

鴻濛肇分啓茲疆宇數千年以來掌故蔓爲荒草寒煙者不勝數矣夫黍離葛覃詩人興歎宋社亳咢春秋特書以古虞之標于地志而直視若累塊積穢然攷古者寧無遺愧耶作古蹟志

墓

孟嘗墓在縣東南二里

魏朗墓在縣西北四十餘里

蔡墓在縣西五龍山世傳爲蔡邕父母之墓旁有石室爲邕妻守墓之所未知確否

王克墓在縣西南十四都烏石山

劉校書郎瑜墓在智果寺西阜墓傍有古松一株高數百丈大數十圍覆垂至地不知其何時植也康熙庚戌六月十一日爲大風摧折古蹟僅存

孫邦仁墓在油車畈朱山㟁口

包孝女墓去縣東北五里蘿巖山下

豐竑墓在縣東五里

劉漢弼墓在縣西南十里瑞象寺前

趙龍圖墓在漢弼墓北斷碑猶存

潘時墓在縣西北三十里

趙提刑墓在縣北五夫鳳凰山

郭知縣墓在縣北皂李湖東

夏夢龍墓在縣東南十里

錢孝子墓在五夫鳳凰山

葛仙翁墓在縣西南四十里嵩公山有石室丈餘如塚故名按神仙傳葛元字孝先句容人游會稽語弟子張恭曰今當解去遂入石室而卧三晝夜大風折木良久而止燃燭視之但有衣在豈即以此地名墓耶

趙艮坡墓艮坡宋臣被元將執不屈死之葬西溪湖畈牛山墓上有樟木三株按西溪湖賦云宋忠臣墓三樟茂盛

林希元墓在縣西南瑞象寺左元至正間爲上虞令

卒于官貧不能歸義士趙汝能營棺槨劉坦之捐山葬之

吳越公士墓在小越伏龍山

曹娥墓在曹娥廟左屬會稽界

朱娥墓在縣南六里　丁節孝墓在二十都大齊嶴

魏道微塚去縣西北四十里按道微于謝安山昇仙安得有塚疑葬衣冠處

謝文靖墓在東山非也金陵志云安葬梅嶺岡長興志云安墓在縣南六十里三鴉村蓋初葬梅嶺岡

後徙陳始與王叔陵葬母彭氏發墓棄其柩而安

有裔孫爲長與令乃遷葬于此宋書靈運祖父俱

葬始寧

朱李光墓在二都姜山　黄柟墓在皂李湖

楊威母墓在縣北水經注云縣北上亦有楊威墓

東漢

李膺元至正間令虞秋蒲而天下大亂遂家焉以壽

終葬於縣城北三里葉晄之原見謝肅志銘

葉砥墓在縣西南駱家嶺

葛曦葛季昂墓在縣後山

周元吉墓在長者山　宋延祖墓在任嶴門

劉履墓在縣西象田山　鍾逵墓在任家雁

朱右墓在蘭風山　張岳墓在董家嶴

王霖墓在鮑家嶴　劉鵬墓在二都

葛貞墓在董家嶴　顧琳墓在西大園

謝肅墓在橫塘內謝鄭[illegible]杜　思進墓在任[illegible]嶴

薛廷玉墓在縣西南駱家嶴

葛啓墓在官樸獅子山

謝澤墓在會稽坐黄山　　嚴震墓在嚴巷頭松樹墩
王誠墓在牛攔𡶶　　薛常生墓在駱家嶺
貝秉彝墓在貝家𡶶　　葛文玉墓在板橋下王山
車勿墓在家上西山　　王進墓在蕭家𡶶
葛昂墓在客山下　　陸全墓在横山北
張璁墓在葛松山　　林釗墓在屠家保山
葛銘墓在板橋畈上樊家嶺
葛瑀墓在丁宅高山
薛文舉墓在縣西南駱家嶺

陸淵之墓在西橫山　劉諫墓在南嶴覆船山

葛用聲墓在大井嶴　洪榮甫墓在蘿岩山下

俞正儀墓在潛家嶴　俞繪墓在湖田灣

張程墓在樊家嶺　張居傑墓在道士嶴

范宗淵墓在西溪湖山　范彰墓在官樣山

范璉墓在駱家嶺　王鉉墓在西城内山

錢嵩墓在駱家嶺　葛詡墓在官樣山

范塤墓在石塘嶴　陳金墓在驛亭

張輝墓在西黄浦萬松山

姚鏜墓在查山　劉珩墓在蔡墓山
張九容墓在板橋紗帽山
張居彦墓在道士嶴　范升墓在東官㨾山
鍾欽禮墓在南山　陳大經墓在横山龍舌
韓銑墓在鄭家嶴　徐文彪墓在黄家嶴
徐子熈墓在裏車山　葛浩墓在方嶴
車克高墓在英嶴　張嵩墓在官㨾山
朱衮墓在黄泥山　孫景雲墓在南穴
陳大紀墓在孝聞嶺　張文淵墓在萬松山

顧曄墓在西北城下　潘府墓在大雲𡋯

車廷器墓在英𡋯　張文澐墓在蘿岩山下

徐子俊墓在㚒車山　陳洙墓在旣箄山

姚翔鳳墓在應家𡋯　姚霽墓在磁窑山

杜澐墓在王家橋　葛木墓在茆𡋯

徐子麟墓在車山　車純墓在董家𡋯

胡景華墓在鳶浦山　徐子忱墓在裏溪山

陳佐墓在東横山　石淵之墓在大尹山

葛榆墓在姥嶺　倪鎧墓在横山前

張承賚墓在梅塢丘潭嶺

徐子宜墓在俞村山　陳紹墓在魏官山

許璋墓在縣後山　金柱墓在龔嶴

王肅墓在上舍嶺徐家嶴

陳楠墓在蒲灣山　徐惟賢墓在方家山

王仁墓在會稽白木　倪應斬墓在孔堰蕭家嶴

葉經墓在鄭鑑山　謝讜墓在荷葉山

陸汝大墓在何家嶴　謝瑜墓在姜山

徐學詩墓在石龍頭山　陳綰墓在杜家山

徐希明墓在洪岩山

葛焜墓在大井嶴

謝師嚴墓在鯆魚山

陳絳墓在崑崙山

徐喬年墓在方山

鍾億墓在上黃嶴

鍾穀墓在

徐璘墓在石家西嶴

徐良棟墓在方山

徐入龍墓在戴家山

徐宗儒墓在陳家嶴

徐觀復墓在柯家山

徐爾一墓在隱地山

徐景麟墓在溪南山

徐復儀墓在方山

丁履元墓在

丁進墓在浮山

李懋芳墓在會稽化山

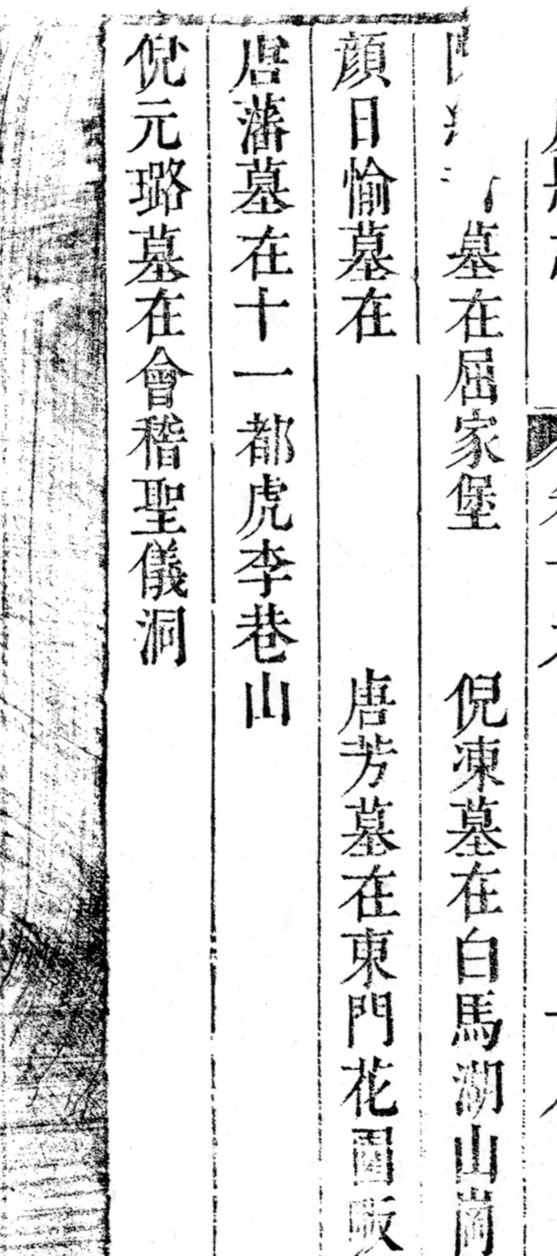

陳[illegible][illegible]墓在屈家堡　倪湅墓在白馬湖山南

顏日愉墓在　唐芳墓在東門花園畈

唐潞墓在十一都虎李巷山

倪元璐墓在會稽聖儀洞

地

金雞石在龍山高尋丈若櫃前有竅相傳中藏金雞日本國僧過見而異之知其內有寶物欲竊取遂飛去不復至

纂風潮在虞北海驚濤怒浪西奔錢塘東瀉剡縣皆起於纂風蓋其中有二大石若巫峽名大澤小澤如龕赭之狀潮入則急激而生若雪山崩卸世謂其險惡過於羅刹

自風來在興教寺對面山麓有一小竅清風一縷常

從竅中來故名土人相傳吳越王彈金雞彈從金雞洞入從自來風出二竅相去五里許自來風下有泉一小泓名曰舜井久旱不竭味甚芳洌

舜井在百官市舜帝廟北東西各一昔壅爲二墩吳越時錢王鏐復浚得讖記寶物錢鏐記吳越寶正中旌教僧儀恩奏云按圖經西北去三十五里有舜井二口深三丈舜了生時井爲湧井即淘金之處也世傳秦始皇封塞作兩墩各高一丈相去三十餘丈晉宋以來僧爲佛寺鄉人或耕鋤多得古磚甃石南去半里有舜廟北去半里爲百官橋東去二百步有機証院唐僖宗勅賜額寶正三年閏八月初九日奏上當月十四日錢王差西都上直官五十人東都上直官五十人賫火糧畚鍤至井所開掘得讖記寶

物一百二十餘件都抽領西都上直廟虞侯盛瑗東都上直廟虞侯孫弘西都隨身虞侯闞丘稔勾當拜祭內直殿十將于軒十六日鑿西井十九日得銀環六赤珠一金盒一右文錢二千三百四十琥珀珠一當十大錢三當五十大錢二十四太平錢百直百三銖二十四大錢二百五十四五銖錢九百六十貨泉錢二百八十半兩錢三十石獅一鑄其背曰重華井天明可開腹內有水精珠一東井得銀塔一高一尺五層內有金瓶舍利二顆散金瓶二金鈴六銅鈴一銀環六銀鈴一水精珠十四琥珀珠九雜珠大小三十五小琥珀獅子三十瑪瑙珠七玉人一玉環一銅鏡三銅爐一小瑪瑙珠六土瓶一以上共三十四件並有石匣盛之題云唐元微四年於此造塔鎮井有重華石一片濶三尺厚九寸左右有索痕深二寸官中令造深沙神一軀足履四石寶正四年六月廿九日差錢文殿祭神鑄石吳越國王寶正三年八月十九日重開舜井收得重華石一片竊恐年移代遠莫測端

由特令鐫刻川記年月巳丑歲林鍾之月二十九日天下都元帥吳越國王記

又一在象田山南（唐朱餘慶詩）碧甃磷磷不記年青蘿深鎖小山巔向來下視千尋水

疑是蒼梧萬丈天

金罌井 元余元老記曰城南有小阜特立曠野外廣數十畝四山環列如畫漢魏伯陽居之著參同契鑿井以資修煉上一而下九晉太康中晉濮治得金罌上之於朝井之得名以此始泉甘而冽不以旱潦盈縮旁有觀曰元妙歲罹浠歎莽爲尨礫井亦榛翳至正丁亥僉憲趙公以餘暇登眺對深酌清慨然覽古因代石紀事且作亭以覆之僕居是邦實諗初末因識歲月以自效於柳先生復北門乳穴故事（葉砥詩）亭亭金罌山右有神仙宅漢魏伯陽父飈馭藐八極山中閟靈無遺跡唯餘九井澄寒碧丹光有時夜燭天恃作絳霄霞五色蓬瀛之路三萬餘珠宮貝闕在咫尺（元趙俶詩）夜

光隱隱金罍古秋色沉沉石甃深名樹轆轤蒼蘚合何人三咽餉暘月

三井在車嶺西土名張西嶴相傳吳越王遺跡一井出泉一井出酒一井出茶厥後酒茶二井因競飲遂廢獨泉井存焉

重華石見前記内

姚丘在縣十二都周處土風土記云舜生姚丘是候曾先地志云即舜母握登感大虹生舜之地下有瓱様村東西赤岸風土記云舜東夷之人生于姚丘嬀水之内指石之東又章圖四書云舜生于諸馮諸馮即上虞也舊志載其地有握登山歷山舜江虞江舜井舜廟百官象田粟里

石室在太平山煉丹石石廣數丈高丈餘中拆爲二有隱者題其壁曰太平山色翠重重勾漏丹砂

隱碧峯舊經云吳時道士于吉嘗築舘於此按江表傳亦聞吉往東吳中立精舍燒香讀書今石室左有道士舊墓尚存即吉築舘之地又有堂基在焉又傳葛稚川未詳

釣臺在二十都高數丈枕山麓下瞰深潭水流爲雙溪世傳葛稚川嘗釣於此

烏石狀如印高長許有松化石橋在二十都棲禪寺下相傳有仙人遺跡

陶弘景釣臺皆山巖石其山皆名釣臺山

王弘之釣臺在蘭芎山詳本傳

九枝樟在崔公祠前一本九枝相傳爲五代時物

丹竈在蘭芎山世傳葛仙翁修煉於此

鳳鳴洞山麓臨溪崖上刻詩二句敲開石壁曾飛飲煉得金丹不賣錢識其後曰壬戌五月丁未日滕悦顔新刊詳真人祠記中

百官里舊經云在上虞沿取百官牛羊倉廩之義又云禹會諸侯百官會聚於此

扶桑里舊經云上虞縣北有漁浦湖傳是舜漁處村民繞湖亂居故名

粟里舊經云上虞縣粟里舜供儲在此

虹様村在上虞西南載初鄉有握登聖母祠東西各有二赤岸相傳以爲舜生之祥

孟嘗宅在縣東南一里又東一里有還珠門取珠還合浦之義

馬融宅在豐錦溪東漢融字季長茂陵人博洽爲世通儒坐高堂施絳帳教養諸生嘗數千人爲南郡太守宋朱晦庵先生有詩疊錦溪邊馬融宅又云如是當年宰輔家則融似爲宰相意者非漢之融乎姑存之以備博雅者考焉後爲朱右宅

謝太傅宅在東山晉書本傳云謝安寓居會稽與王羲之及高陽許詢桑門支遁遊處出則漁弋山水入則吟詠屬文晉陽秋云謝安石家於上虞縣優游山林六七年後人謂即國慶院址是有東西二眺亭洗屐池薔薇洞白雲明月二亭遺跡

謝車騎宅水經注浦陽江自嶀山東北逕大康湖車騎將軍謝元田居所在右濱長江左傍連山平陵脩通澄湖遠鏡於江曲起樓樓材悉以桐梓森聳可愛居人號爲桐亭樓樓兩面臨江盡升眺之趣

蘆人漁子泝濫滿焉湖中築路東出趣山路甚平直山中有三精舍高甍凌雲垂簷帶空俯眺平烟杳然在下水陸寧晏足爲避地之鄉

蒿城去縣西北六十里晉安帝隆安中瑯琊孫恩自海來攻朝廷遣袁崧築壘瀆壘於海旁以備恩得名後人追念德之故立祠祀之今城毀而蹟存

後郭去縣西北四十二里縣治舊在百官此北門之外也

遊謝鄉俗傳謝康樂舊遊地

始寧園在東山下謝靈運所棲止也宋書本傳靈運出爲永嘉太守稱疾去職父祖葬始寧有故宅及墅遂修營別業傍山帶江盡幽居之美與隱士王弘之孔淳之等縱放爲娛有終焉之志謝靈運山居賦備載

西莊在縣西南葛僊鄉傳云謝康樂別墅

石壁精舍十道志云上虞縣石壁山南對小山方正如樓世號鼓吹樓謝靈運詩昏旦變氣候山川含清暉清暉能娛人遊子澹忘歸出谷日尚早入舟陽已微林壑斂暝色雲霞收久雨芰荷迭映蔚蒲稗相因依披拂趨南徑愉悅偃東扉慮澹物自輕意愜理無違寄言攝生客試用此道推

琵琶圻在東山下小江口今云琵琶洲

成功嶠在縣南二十里浦陽湯浦之滙世傳謝元新破苻堅歸爲會稽內史縣人榮之故旌其里門嶠壁立臨江磨平大書深刻其上

朱公洗硯池在縣西北四十里池側有讀書堂西有朱侍中廟侍中東漢朱儁

儼野梁顧歡授學之處

白瀝湯在十五都浛嶺南史上虞令王晏起兵攻郡將軍行會稽郡事孔覬以東西交逼不知所爲其夕率千餘

人聲云東討實趨石瀏瀏水門瀏水者也又能停水凡溪上俱有此則十五都者見王晏傳

花園在縣東南一里宋楊次山置

物

玉玦萬曆四年丙子建浮圖於飛鳳山之巔開土築基方五尺許得古玉玦一枚色黃潤而微有血漬痕須臾又得琥珀珠二枚大如指頂其小盆盂鉢盌之類最多皆古陶器規制甚樸即以玦與珠寘塔相輪中

鴦尾五代清泰中澄照教寺有鴦尾飛十餘峯上其地產金沙白石嘗聞鐘磬之聲

寶鼎萬曆二十一年甲午民耕于上妃湖田得古鼎銅色微白疑雜以銀承質雷文篆花細密不知何代物也民以獻縣時縣令楊公爲棘政尙清簡而守極廉介送學供先師廟今存祭器庫

古鏡在普濟寺又名空浦寺在井底大徑二尺用以鎭壓其地者弘治間　朝廷聞而來取僧治南賫以赴　闕奏其所以留數月復還云鏡背有詩篆書云三面鯀壽跋

欲浮巍然一剎鎮中流龍君守護金鱗殿
漲起沙堤占岸頭其寺在七都西滙嘴

鐘嘉泰志江湖邊昔有尼寺一夕陷于湖有鐘墮水底相傳人或見之頃歲旱湖涸忽見鐘鼻鄉人共挽出之俄頃風雨暴至鐘復沒

許承瓢真誥上虞吳曇拔得許承一瓢贈褚伯玉伯玉亡後留付弟子朱僧標歷代寶之可受一斛唐先天二年敕女道士王妙行詣金庭觀投龍因持此瓢還長安

搆

上虞鄉亭按古圖經上虞鄉在縣西蘭芎里疑即梁
湖江濱也梁劉孝綽觀潮詩載娥江下
適越亭在晝錦門外
湖心亭在西溪湖之陽久廢萬曆十二年知縣朱公
維藩復西溪湖乃搆子來亭于其側
虛籟亭在縣西南八里宋杜思恭建
驛亭在縣北三十七里驛亭堰旁
白雲亭明月亭在縣西南東山兩眺上
觀風亭在縣治南今為水館亭

仇亭顔師古註漢書云上虞有仇亭柯水出焉東入於海今北鄉有柯山溝堤即其遺跡也

一覽亭在長者山巔（明徐子喬詩）雉城南去東雲飛無數青山作四圍狂欲捫天因策杖嘯將傳谷且掘衣落霞樹樹晴衙麓曲澗村村靜掩扉此地投閒堪自老倦游尚許着漁磯

視清亭宋趙友直痛父良坡死難置此亭作賦曰慨黄虞之不作兮泉鳳無靈抑世人之齪齪兮念誰爲之澄予實有隱衷兮竊自悼其生聊乘化以自適兮無復嬰吾之情居不懸金石出不建旄旌身不披錦繡口不嚼大烹厰其中爲一亭扁其處曰視清清于春兮光風升洗脱繁華無相凌清于夏兮南薰至冰紘操裏荷香馨清于秋兮揚皓彩天高宇肅萬籟鳴清于冬兮寒砭骨老梅幹上飛六霙一時清兮四時清四時清兮毋其恒何末俗之亡良遁眯目而弗矙彼泪陰之弗視徒功高而赤族慱陸之弗視竟以縣乘而罹刑胡憂樂之倚伏亦慶吊之相迎是以賢智達觀明哲凝睛不

與鵁梟而兢肉不與鴻鵠而爭聲留侯視之友赤松龐公視之耦力耕視商山者爲四皓視栗里者爲淵明嗚呼惟伯夷之視兮世莫與京榮塵辟于百代之上兮聞者必與歎首陽之宵兮吾自愛吾之亭

懷謝軒宋紹興初令張彥聲建（李光詩）此日開軒懷謝傅直緣談笑破苻堅

凝虛館在縣簿廳側（宋石曼卿寄題詩）越基擅巖壑虛館宅其尤丹甍熠孤飛靈景邈四澗山高晴若陰澗寒夏如幽幄檻庭花發玉環渠水流閒臥負吏隱乍登仍仙遊居之宜民恩無爲茲宇羞

不礙雲山堂在城中宋中訓郎陳策讀書之所

義門　宋趙抃記曰熙寧十年余爲越州聞上虞縣娥眉鄉劉承詔家同居者四百餘人同籍者十世具以上聞乞旌表門閭廣厚風俗既而特賜可命有司既其居之前建綽楔門門外左右以土築臺高下廣狹至於赤白之飾皆如勅格而常賦之外悉免徭役與仕者等於戲觀朝廷所以獎善好義之美意何其至哉夫百年之間歲有豐凶情有踈戚元豐三年余既得謝政再歲而承詔持其勅自越來衢願求記文并刊於石余以謂世之不常有與其事之所甚盛者遠宜暴著於天下近足顯榮其鄉黨相過其門望其臺觀其勅語敦睦者孰不勉分異者孰不愧所施至約所勸至博又期劉氏之子孫承終不渝以仰稱朝廷獎善好義之美意余故樂爲之書

纂風寺　宋治平四年建殿四角俱雀舌升斗疊成甚奇俗傳魯班所助有遺訣云一篗一斧與一鑿藏

在東南西北角有人拾得去代代工師不用學殆以識其術之神也（宋蘇文忠公軾回文詩）潮隨暗浪雪山傾遠浦漁舟釣月明橋對寺門松徑小檻當泉眼石波清迢迢遠樹江村曉靄靄紅霞晚日晴遙望四山雲接水碧峯千點數鷗輕

迎山閣在縣治內

大夫橋余球記畧曰虞江之東南有草市曰五大夫里因焦氏立學於此孝感上聖所名焉其地聚民鬻貨市之南則大雲寺路通於市古人約之以接行旅資萬世之妙因爲千秋之勝善會昌三年記

遊仙廟在槎浦相傳漢武帝令博望侯張騫使大夏

尋河源乘槎於此故名其地後每歲八月槎必至浦上里人異其事取槎肖侯像以祀至正間風潮壞民田廬府檄王永修築海塘三年弗就禱於神遂夢指示其方即遵守其法工始底績夫乘槎犯牛斗之事本載張騫博物志又荆楚歲時記所載即爲侯自乘槎事及考史記大宛與騫本傳皆無乘槎事而吾虞又指浦與廟爲此說益荒唐不可據然故老相傳如此因存之以備考

上虞縣志卷之十九終

上虞縣志卷之二十

叢林志　寺　庵　觀　院

緇黄之宫遍觴於法蘭而今且幾當天下十之一卽以虞論遞圮遞搦指不勝屈說者非廬居火書之論以伸崇吾道似矣乃稽考歷代相仍存而不毀何哉蓋其恭焚誦以祝鴻釐請冥福以牖愚昧收之固足爲吾道用耳作叢林志

寺

邑治東數百武而遥有萬壽祝釐所曰等慈禪寺梁

天監二年邑人王圭捨宅建名化民□□後更名上福禪院唐會昌間毀咸通元年復興後唐長興四年吳越王錢鏐更院爲寺宋祥符間賜今額爲一邑都道場咸潤法師鼎新厥後屢經兵燹淳熙間有鄭祖一修頭陀苦行掛復觀撐加□廡東有鐘樓靜夜鈴鐸遠聞明初毀遂不復葺山門久廢正統丁卯邑人郭南重建萬曆乙酉正殿將圮邑侯朱公維藩稍葺治之不十餘年旋徹西□小邑侯楊公爲棟命住持僧會司德慶重修與子有戒僧法澄

於正殿後東西各刱廊房數間延納十方朝海僧衆乙巳邑侯徐公待聘大刱之寺東有東寺衕西有西寺衕爲界共計店房一十餘間住持收稅爲供香火之資寺後蔬圃方廣二十餘畝免役法産二十餘畝坐北門販黎首字號明季爲豪右侵佔僧會司石明宗告縣邑侯周公銓據以斷還歲久山門傾圮

皇清邑侯朱捐俸重修殿後觀音堂三間低側漸至傾頽雲棲講主瑞峯改刱後堂五間高廣深邃開

揚妙法名演法堂另闢齋堂五間瑞峯生長燕雲賦性愷直寺居
數十餘載多所救度宋慶曆五年乙酉邑人任元
吉嘗施緡錢百萬刻釋迦文佛太常博士胡昉記
嘉泰三年復修顯謨閣直學士樓鑰記明邑侯楊
爲棟記曰寺在縣治東去啓文門數武相傳梁天
監初邑人所捨叢林於梁沿於唐復於宋其來舊
矣百樓拱南五癸繞北殿宇巍峩明堂平曠宜屬
爲習朝儀之所歲久而圮瓔珞蓁蕪城牕蛛網昔
號琳宮今且爲頹宇今上奉　慈聖皇太后命
賜藏經宣揚盛典所在緇流鼓化名刹更新而茲
獨摧焉未葺佛空門老衲習不言陋而金鑾拱座
玉漏斑朝市堪列鹵簿而陳儀仗乎哉故憊邑也
不佞初佩印綬馳而之邑則堂垣半倒吏曹皆燼
蕭然莽蕪間已謁文廟拜庭下則殿廡且就敝頹
縣滋甚巳萬壽借諸僑及父老子弟習儀於寺則
梵宇棟橈祀學抑又甚而又數以時權催鄰兩
廊以居椽吏葺學宮以安子衿稍以有司收者責

而茲未之逞也遂舉故所剩材及所餘俸以屬住持僧德慶者董其役而慶之承若委也勞苦萬狀費有不足而募募有不足而又出巳資以助之隻椽片瓦銖累逾年而始鳩工集材易朽以壯代故爲新曩所破壞不堪者一旦而巨纚傑棟焠然改觀庶幾哉匪祗爲如來真境其亦可展排拱上而嵩祝于下也是役也經始於萬曆二十二年三月十九日落成於今功匪細已　去城東十里許曰智果教寺在查湖西南道旁剏自後唐清泰初年始名建福宋大中祥符元年改賜今額明洪武間燬未幾復興（宋陳堯佐詩）蘿岩山下寺靜境絕過從芳草二三月碧雲千萬峯窻虛明落月樓迥響鐘却恐重來晚庭前記偃松　由智果而東不數里曰明因教寺地名竹橋俗呼竹橋寺石晉天福

五年建吳越王於開運四年給額福泉院宋治平三年賜今額元大德丁未燬延祐乙卯僧志林重建宋朝奉大夫孫嘉記畧曰越之上虞距縣東十餘里有地名竹橋有井曰梅仙子眞嘗汲以鍊丹起自漢代考之圖經即今明因院舊號福泉鄉于石晉天福五年至吳越王開運給額其地東接娥江之勝南通古剡之幽烏贍峯嵯峨乎其後蘿岩山揖遜乎其前左隣白水右帶青烟山川之氣融結于此居然名刹也宋治平間賜今額迨寶祐間比丘壽昌智份革而新之開修門逕展拓規模棟梁榱桷之撓折者葺甃級磚之殘缺者悉擗厥心力而更焉堂舍整齊廊廡修直實出於前後唱導之誠既勤堅石以示將來宋咸淳六年四月八日撰明因稍東曰蓮峯教寺山峯挺拔環拱狀若蓮花瓣元至元十年鄉人

張沈何黃四氏剏庵爲焚修之所元統甲戌改名蓮峯聖壽國初廢正統以後復剏元待制揭傒斯記略曰會稽姚虞之岐山水逾秀百態層出其山自四明岩巃起伏若萬馬駐坂勢可千里杭東硤見舜江導海若岈然當其鋒於是如怒而驚奔乍絓束有不能自已之態大者迅拔而起抗首出膺上薄嶮嶭小者如鶩蛇脫兎駢聚附落而循顯顯岊岊拱顧不暇有曰蓮峯者嶫如穎卓淨如玉溫盤如有容餘峯莫之若也里稱善人者張沈何黃四姓皆夙偕壽靜謂是山以蓮峯名猶青芙蕖濯淤不染非吾等出塵拔俗之符契匡廬蓮社之表端乎乃湊貲力卜巖左而築焉經始於至元十年由至元戊寅訖元統甲戌五十有七年其間增衍改觀貲進不止於是丹堊碧甍鬱成寶坊因以蓮峯聖壽名其寺

東南曰太嶽廣福禪寺在縣四十五里劉宋時白道猷尊

者乘青牛降蟒及諸魔怪地也宋文帝賜鹿阜錫於此後唐清泰元年陳思益捨地拓建爲寺旁有飲牛溪又有隱身巖及龍潭每旱魃作祟禱輒靈應名尊者龍云國初寺廢僧入國慶寺景泰天順間復興至嘉靖初將圮住持僧法垣與其徒德慶皆行重修及復諸廢産迄今不墮宋白道猷詩蓮峯數十里脩竹帶平津茆茨隱不見雞鳴知有人閑步踐其徑處處見遺薪始知百世下猶有上皇民閑此無事跡以待跡俗賓長嘯自林際歸此保天真

南曰湧泉寺在縣二十里漢乾祐二年建明洪武間僧

復國慶寺景泰天順間復興嘉靖末廢萬曆二十三年剏復又南曰棲禪教寺去縣三十餘里明徐如翰詩焚香才罷却支頤四顧山光紫翠垂牧唱樵歌皆適意晴雲濕霧擁隨時霽葵咲折清齋午澗水新添晝漏移更向最高峯處去欲尋柯斧伴殘棋唐開成三年建號錢溪會院毀光化元年重建天復三年改爲錢溪羅漢院宋祥符元年改今額曰澄照教寺去縣三十里地名甌峯石晉天福二年建於官山西麓本名凉泉院唐會昌間毀後唐清泰間天飛鷥尨於甌峯其地有金沙白石常聞鐘磬聲里人蔡珦等延欣禪師移剏其處宋

祥符元年改今額俗仍呼凉泉寺孝宗時有名德僧慧暉者實從此寺出詳見仙釋志舊有張即之書林壑尤美扁曰寶泉寺去縣南四十里唐大中七年建咸通六年賜額明初廢今復興又南曰勝因寺去縣五十餘里在雙棋山旁石晉天福七年建本名永清宋祥符元年改今額明初廢今萬曆乙巳重建去縣城西南可數里許曰西資聖寺唐咸通七年姜思進捨地建八年給額明初廢正德間復興對西資聖而鐘磬相聞者曰瑞像寺去縣西南十餘里因山得名有寺產八十餘畝向被豪右佔據今復

舊傳古源院基唐末燬晉天福六年吳越王復剏開運四年給額瑞像院宋紹定中改爲寺從西資聖稍南而前曰奉國報恩寺西南廿五里有下院唐光啓二年僧清永建明初廢天順間復興山後山巔有護國院在焉奉國而右曰興教寺去縣西南二十餘里唐乾符六年建本名建福天福三年吳越改名象田宋太平興國九年改今額明初廢萬曆乙巳年邑侯徐公待聘嘗親履其地詢之故老追復近寺沒産命僧重剏寺址故有靡石大可蔽一室相傳神運至此名飛來靡即此想見當時僧徒之多香

積之盛矣後爲蟠龍山前爲車嶺嶺旁有舜井有日來風泉山環列如屏如障二水合流歸於巽隅風氣所鍾固宜大雄宴息寶刹長輝然而蓁莽且二百餘年至今日而始復覩輪奐之新固知山川雖靈不能無待於人也

去興教而近者曰廣教寺縣西南三十里昔置官窰三十六所有官院故址宋開寶四年有僧築庵山下爲陶人所禱華州節度使錢惟治𢎞建爲寺名保安至治平三年改今額俗仍呼窰寺明初廢正統末復興

去廣教而近者曰國慶禪寺縣西南四十里相傳晉時謝太傅故宅也其左右有白雲明月二軒及無塵閣唐元和四年安禪師重建宋淳

應二年有靈運解不於此方潤丈許動則祥光現云咸通九年賜額明洪武改叢林至崇禎年爾咨禪師重修宋子光詩遠承夜金壺下九天郊坰風物正叟然百年寶地空蕭寥十里青山自接蓮烏上笑談棋易勝坐中奇險句難[illegible]定回老演應相將淨社何時到白蓮明潘府詩還高臥應知出處難自雲明月老空山澄清剪爲蒼生起變故徙懷海道還大小江空秋漲遠東西眺冷夕陽殘淮泗咫尺中原近重使遺碑豐玉顏與國慶隔一江而隱藏於鳳凰山麓者曰上果教寺去縣西南五十餘里刱自東晉唐代宗時從嘉猷羅師奏請賜名休光大善道場會昌毀大中五年三日和尚道全重建咸通九年更爲大

興善禪院宋治平三年賜今額元至元二十九年燬至正間僧仁育辦復邇寖不振僅未廢墜云元胡長孺記曰佛法行江左至東晉始盛元帝時即山爲寺有鳳飛之祥故封其山曰鳳山唐代宗時有嘉猷禪師居之道行峻特聲聞于朝錫名休光大善道場宣宗大中五年僧道全號三白撤舊改新寺益弘大至懿宗易名大興善院吳越時僧法眞慕嘉猷之道統若作禮越人異之請居日山講經說論逾十萬言涅槃最善故世稱爲涅槃和尚弟子受度者凡十人上乘起東晉至今千餘年前有嘉猷後有涅槃敎法演迤彌久弗絕世之言尚德者必稽焉宋治平三年改賜今額至元二十九年燬于火仁育師不忘本始與法孫自然始爲寶殿前淮安路萬户楊思詠感師誠悟率其家人作佛諸天像莊嚴崇事然後說法之堂棲僧之室法藏齋廬以次具舉皆師力也而觀音有閣香積有廚

則僧正倫擢所寶爲之師又念寺成而無以爲養益市上田若干畝山樵圃蔬所須必給齋魚飯鼓大衆咸集人謂師所樹立視前三法師殆過之矣

自上乘沿江流而下至百官曰旌教

教寺縣西三十餘里唐大順二年即古興善寺基重建詩賜機證禪院額用素絹書之後唐同光三年吳越錢氏易名重明宋天禧元年改賜今額元大德中易殿爲閣正統後漸微今復興

元韓明善記曰曹江之東二里有寺曰旌教此則唐之機證院也宋端平中僧元眞爲萬人會修念佛三昧建無量壽佛殿於法堂之後事具高處州夢月記後六十餘載當大德初元僧淨修復建會如元眞時顧殿小不稱其像易而爲閣閣垂成而修寂其孫行悦建軒於前增甓甃周以欄楯閣之役以宗

復捐田若干畝以備營繕

稍北爲蘭芎福仙禪寺縣西北三十里唐咸通八年操禪師闢庵爲寺元至元甲午僧道順改剏法堂山門大德五年僧克文重建明初廢成化間復興萬曆改元以來漸拓爲大之項任僧能圓留意禪宗每歲結期掩關習禪定云元何章任士林記畧曰會稽山配岱宗凡峯不旁靡隸是邦者皆絕勝虞蘭芎其一也大德七年春余讀書古虞氏之邦有僧克文來謁曰蘭芎山自天姥沃洲脊橫股直溝斷丘伏而來是爲葛仙修煉之地石井丹竈存焉今爲福仙寺[illegible]自唐咸通八年操禪師闢庵爲之兩杉童童植山門之陽如蒂峙立鬱然古意經唐宋風雪物也前住持道順與其徒如杲志和始改作法堂山門若干楹大德五年冬克文與如杲志和

捐衣貲之直且以其道惠人之肯施者重鄉佛殿以精峻奔湧巽颺集若齋庖廊廡方丈之居以次修舉院始完矣余爲山川偉特之觀且託夫仙蹤佛跡聳動怪異夫亦智巧之所營而尋幽者之所必錄余固嘉文師之不怠且樂茲山之勝故爲之書大德十一年撰

從蘭芳而北爲夏蓋山淨衆教寺山頂有辰州娘娘高廟縣西北五十里建自石晉天福四年本號見明宋治平三年賜今額宋劉英發記畧曰凡瓎立精藍必在水明山秀之地蓋奇氣融結爲一都會或異人出焉故能使居之者恣機息心翛然有超怡之趣游之者暢懷騁目浩乎無鬱滯之氣寺名淨衆其義取斯越之上虞縣西北五十里峯巒秀背海而湖林壑深蔚名曰夏蓋山有招提依山爲址建於天福四年初宋治平三年改賜今額明謝讜詩叢林一雨霽蕭賞見諸天湖淨浮遠嶂蘿深隱瀉泉雲盤鵬

勢遠松度磬聲圓吟思去淨衆而近曰嘉福教寺

秋偏好天風吏灑然

縣西北五十里地名小越俗云小越寺剏於唐爲福寧庵

晉天福四年賜額福祈宋淳熙間改賜今額明洪

武時毀近代復剏又西北曰普淨教寺去縣六十餘里石

晉天福七年建本名報恩宋祥符元年改今額明

初廢弘治以後復剏自普淨迄于智果縣北數十

里梵刹寥寥獨蘭皐山陽法界教寺存焉去縣北十五里

本利濟廟故址唐咸通間闢爲寺宋祥符間改今

額國初嘗併入長慶旋與旋廢萬曆乙巳年僧明

賢重建寺臨白馬湖故俗呼湖頂寺（明商孝齡詩翦阜翠風撲精藍足避喧湖光分彼岸樹色類祇園社結儔婆娑經聞般涅槃百年都夢幻誰復戀塵緣）久廢者東曰諸林寺（縣東七里）後唐長興二年建漢乾祐二年吳越給額明初爲叢林正統以後廢今復東北曰法華接待寺在長慶寺左宋末僧師尹挪招接四方雲水故名明初廢今康熙辛亥二月僧恒靜重建曰海會寺（去縣東十五里）石晉天福七年建後唐乾祐二年吳越給鳳仙院額宋治平三年改今額明初廢康熙七年僧慧衡重建東南曰慶善寺（去縣

十餘里宋景定初居人趙道員捐貲挪名慶善庵後改爲寺明初廢曰東資聖寺去縣十餘里挪白石普天福八年本名嘉善庵後了禪師改爲壽院宋祥符元年改今額明初廢曰化度教寺去縣十餘里石普天福五年邑人邵藏王瑫等與僧義謙同建名[illegible]院宋祥符間賜今額明初廢南曰定善寺去縣[illegible]里許宋咸平初安法師與邑人周長者貝居士挪本名南塔寺昔李莊簡公有守墓精舍在大雲舉朝廷賜額定善厥後精舍已歸烏有而扁額倘存子孫

移寘此寺故名明初廢曰栖仁寺去縣南三十里唐天福二年僧行光建晉天福七年吳越給額明初廢西南曰智度教寺去縣三十里舊有光相寺在黃茅嶺下晉天福七年遷於和尚山巔宋祥符元年改今額俗仍云光相明初廢曰法果教寺去縣四十餘里晉天福五年鄉人舍珠院以山得名也閩僧從契嘗佃歷於此邑人馮寶始剏禪房宋祥符元年范貫捐貲爲倡一新輪奐敕改今額今廢西曰梁湖接待寺去縣二十餘里宋時越王鄉明初廢西北曰明教教寺去縣

二十里後唐清泰元年邑人熊薇安建本名仙壽院宋祥符元年改今額今廢曰戒德教寺去縣六十里唐大中十年民周元度捨宅建咸通九年名義讓宋祥符二年賜今額嘉靖末廢北門長慶教寺去縣四十里在五夫市鳳凰山南唐咸通二年因市南舊有永壽院移置今所蓋里人陳熹清捨宅為基也名永壽寺其永壽院故址有塔尙在宋大中祥符元年改今額今廢曰雲巖報恩寺在五夫市西山本王氏廢庵元至大年間法果寺僧竹泉與兄西公

改鄉明初廢東北曰延壽寺去縣一十餘里昔有僧支格回自高麗鄉庵於此名普慈宋咸淳中改今額明初廢曰崇福報恩寺去縣十餘里在大查湖之陰元大德中會稽崇勝寺春谷法師結廬爲崇勝庄後拓而大之名崇福蘭若明初廢

重興法華寺碑記

天下名山水之勝其間必有僧與寺虞治東北有五大夫里里在宋時有大寺三在里之西者曰雲麓明廢在里之南者曰法華明亦廢其一尚存曰

長慶今在里之北三寺互峙如鼎而法華以廣延雲水普濟人天於三寺中爲最勝余少讀書於里東之新溯從友人尹君百如遊憑眺川巒詢稽往蹟因得盡識玆里之勝蓋存者什之三廢者什之七矣法華乃亦與雲麓並榛莽丘墟詎不深可慨哉余每與君作重建想後余成進士去薄宦垂二十年迨視學兩河解官東渡歸舟過五夫里見里之東有法華新搆叩其新之者則上人性晶及徒海珍也性晶字恒靜海珍字文臧皆白會稽九

峯寺行化及下夫里里諸耆德咸欽上人有古宿風請新法華而居之值余舟過里而寺適成余之夙志自茲遂矣輒以清俸之餘置山二隴爲廣濟一助興廢之由可無誌與因誌諸石時康熙辛亥春王二月舜水鄔景從撰

庵

石雲門外有庵前迎南山之水當邑治巽隅名巽水庵萬曆三十年邑侯胡公思伸建以幹旋風氣振起人文邑人尸而祝之稍前爲南山深隱庵去縣十里

在百樓山大雷尖下宋咸淳間有雲約菴禪師者無門開禪師弟子也道動淄白有聲于時與其徒無隱香禪師肇建元至元間有鄞江謝公捐貲拓之本朝洪武間徙建於故庵之左嘉靖七年葺明純詩嶽峙天南迴不羣四時蒼翠色絪緼岑迴古院松門靜路界飛泉石棧分絕頂下窺滄海日二樓高駐太空雲舊來遊屐源無恙笑語山僧到夕曛其右有中隱庵元至正十七年鄉虞有三隱中隱爲首蘢山禪師修建左有白洋庵明永樂年間鄉尋廢萬曆元年僧性朝重鄉稍前爲定清庵有二去縣十五里在上舍嶺南宋紹興四年建上庵亮

靖間爲貴勢所據萬曆間邑人錢大莊捐貲贖回僧如能重葺下庵僅存遺跡又前爲大樣庵縣南二十里元至元初年建自冠山嶺右爲彌陀庵僧趙凡建南進十七都新建紫月庵惠濟庵下湖浦口近江側往來通衢有丁錫蕃者憫徒涉之艱苦捨基地一畝六分建立庵宇復捨田五畝以爲造船擇渡之費人咸便之爲太平山如淨庵縣南六十里元至正二十九年建俗所稱苦竹庵者也爲蟠雲峯慧日庵縣南六十里萬曆甲午年僧廣歷建西南有雪水庵去縣十里在西溪象田山谷間林深木茂雅稱禪棲蓋嘉靖初年邨

云迴西溪之流至象田絕頂左折縈紆而入曰法雲庵去縣二十餘里剙自元至正二十五年從法雲踰象田嶺而西曰象田庵奉大士像祈禱最靈驗相傳即興教寺遺像也萬曆乙巳年僧智海結庵於嶺上以憩行旅名上象田庵稍南約十里許爲通濟庵在黄。念佛嶺邊萬曆初年建又十。里謝嶴有寧峯庵嘉靖間剙會稽陶望齡題額去寧峯而近者曰大雲庵去縣西南五十里元至元四年建折而西離縣十里有泗水庵再十里曰永澤庵由五里至梁湖

曰普濟庵去縣二十餘里在內梁湖驛道旁萬曆初肇建
筵寺之東可數里許在東山之右曰龍田庵其地
先名蕎芝禪僧栢子建曰廻龍庵有齋僧田一百八十四畝零係姜芥麟翔賓重果李字號存十都九里又十年免差任僧堂先在外梁湖鎮上
萬曆初僧真忠建庵雖蕞爾然十方苾芻東朝大
士者必於此暫憩旁錫來往趾相錯日供行脚以
千計其徒如雲等募置田百畝而奇常克接待邑
大夫咸謂其弘濟可嘉曰九龍庵在龍山下萬曆
乙巳邑人陳仕捐貲闢龍山磴道故過窄險阻行

旅多因風雨晦暝之夜尤甚今爲開鑿寛廣往來便之由九龍庵五里許百官下有普度庵始于萬曆年間今順治三年住持懷瓊重建其在西北六都有保塘庵西洋庵嵩鎭北有寶貞庵僧徹盧建九都有鴈步庵東有華澤庵在北四都有東林庵集福庵皆近拗其巋然蘿巖之巔稱東北勝槩者曰清隱庵元至正二十三年建明劉誠意伯基題額嘉靖間僧眞濟同徒如鏡重修北有法臨庵蘿巖稍前有圓覺庵去縣數里北有福慶庵僧宜三用建東

南有蘿庵去縣二十五里宋至和元年建有綠堂庵去縣約三十里先覺庵生員陳開英仝妻石氏建捨朝字號田十畝園地三畝縣西南門外勝宗庵陳嘉命仝俞氏建郎朝字號任基西白庵僧闇然建林隱庵僧觀相建坐廿三都曉山置竹字號田厂六畝基地四畝五分大悲庵俞兆氏建坐羅岩山下海北溪

觀

邑東門外有明德觀即宋寧宗后父楊漸故宅也子孫以爲聖后誕育之所不敢有其居嘉定壬午改築三清閣命鹿泉劉眞人大弟子冲和先生劉道

稱主之再傳爲冲素大師郭元逸凡六傳至凝妙大師丁義堅歲在至元甲申拓而大之改閣爲觀額曰明德大德庚子鞠爲刼灰惟閣存焉凝妙搆復明初嘗與新之萬曆十四年邑侯朱公維藩命道士夏以仁重修實一邑都道場云

明萬曆丙戌邑侯朱公維藩記曰上虞縣治東郭外有明德觀相傳爲楊冀王故宅後即其地爲香火院云楊冀王者名次山宋寧宗后兄也觀建於宋火於元國初復新之歲月既久日就蕪圯予來尹是邑顧瞻太息爰命道士夏以仁亟修之助以公帑廣其門楯闢其堂皇曾未踰時頓然改觀每一至止但見两崖拱前五癸障後西望溪湖一碧千頃東觀浮圖文峯插天雲霞變態蒼翠交加不特爲清虛之上界實城市

之靈境也惟楊氏在宋封國尚主富貴綿蕤一時稱隆今其所遺花園唯青青一草丘而已茲幸托諸清修家而宅以名存其爲楊氏所藉者豈淺淺其藏不得以他宮觀例視也抑聞之茲觀之始主其事者爲鹿泉劉眞人繼其事者爲沖素郭元逸深明道教卓爲名流故其觀得以相延永世嗣茲以守觀者誠不可不知所慎矣嚴　戒行寧而室廬庚不負若主加修之意也哉

其巖然於邑西南金罍之巔者曰元妙觀即漢魏伯陽故宅宋大中祥符二年詔郡天慶觀元貞初改額元妙然邑人止稱金罍觀云元末燬故址蓁蕪明成化八年邑侯黃公錦屬明德觀道士葉廷欲重建正德丙子其徒范洞澄復葺殿前置二

石亭一樹碑一覆井碑尚存碑亭今復建嘉靖元年謝丕記曰上虞元妙觀在縣治西南一里許漢魏伯陽故宅也晉太康中得金罍於井因以名觀宋改天慶而元妙又元所改我朝因之然人猶稱金罍重始也成化間道士葉廷歇者嘗新之作堂三楹翼之以樓前有甃道環植松竹地因加勝正德丙子其徒范洞澄復事修葺別建二亭於前一以覆井一以樹碑不逾年而改觀洞澄廼請記於余余惟伯陽修眞妙用具在參同契一書實啓還丹之學與周易理通而義合自晦庵朱夫子考釋之後而是書始不爲吾儒所棄觀其言蓋賢人君子之流不可槩以神仙目之也慨自古賢人君子故宮舊宅湮没於草莽者不知其幾而琳館梵宇乃金碧輝耀在在無恙亦獨何哉若此者以吾儒律之盧其居可也以是而律之伯陽烏呼可哉噫伯陽其不幸羽化而去而不得以賢人君子自白也其亦幸而托諸神仙而名以長存宅以永固也後之人

其尚體洞澄之意勿㵎也哉（明）陳元詩仙居迢遞枕城西古路縈迴過碧溪丹井已空蒼蘚合石壇猶在白雲迷清霄遼鶴無人見落月山猿抱樹啼更羨郡侯能弔古紫騮踏遍落花泥元（余元老詩閒步蒼苔一徑通白雲深處是琳宮已知丹鼎歸天上那復金罌出地中井渫寒泉猶夜月山圍古木是秋風滄桑變幻知能幾且向樽前醉老翁

去邑治西約三十里許曰

元真觀在百官龍山之西麓明初道士王一淵所剏

雜記志

方伎　軼事　災祥

諸臯近恠禪官近俚乘也者學士大夫所以誣圖經而考家世者何瑣瑣也然左氏異麟經而縱言

星紀蒐及鬼事遷史附以褚先生日者龜筴等傳凡以資箴規裨傳洽雜而不越殆謂是矣抑游談於方之外者用佐抵掌云作雜記志

方伎

淳于斟字叔顯徐州縣令大將軍俾爲掾後入烏目山中註叅同契淳于叔通舉方士爲洛陽市長稱太極仙侯叔通名翼即虞仲翔所訪者見眞誥

吳範精曆數知風氣孫權起東南每言災祥輒驗欲討黃祖範曰今出師少利不如明年明年荊州劉

表且死明年果擒祖劉表亦死又曰歲在甲午劉
備當得益州後呂岱從蜀還言備部衆死亡且半
事必不就權詰範範曰臣所言天道也備竟得蜀
權與魏爲好範曰以風氣言彼以貌來實有謀宜
爲備照烈盛兵西陵範曰終當和親皆如其言初
從權時言江南有王氣應在亥子之間權曰如言
以君爲侯及權爲吳王封都亭侯
嵇康傳綜技藝於絲竹特妙而尤工於琴嘗游洛西
投宿華陽亭夜分操琴先作諸弄聞空中稱善康

撫琴呼曰君何以不來此空中云身是古人聞君音曲清和故來聽耳已漸見其形授以廣陵散

孫溪叟多諳幻技元嘉初叛入建安治中後出民間破宿瘦治人頭風流血滂沱嘘之便斷瘡又即斂虎傷蛇噬煩毒臨死禁護皆差向空長嘯則羣鵲來萃夜呪蚊虻悉皆死倒至十三年乃於長山爲本王所得知有禁術慮必亡叛的縛枷鎖極爲重複少日已失所在見異苑

謝靈運母劉氏獻之甥也能書多獻之法王僧虔曰

謝靈運書乃不倫其合法時亦得入流在秘書監舜文竟手自寫文帝稱爲二絶

趙才督宋宗室裔也業儒安貧嘗遇異人得禁方醫有奇驗

貝元瓚字彥中宋僉判欽世之七世孫元醫學教諭良友之子世家北城以醫活人咸呼爲存仁先生

范應春少負奇氣嘗自計曰匹夫而欲濟人利物無它術惟醫藥乎乃徧讀岐黃家言遂以醫鳴世尤神於脉理一日途遇姻親薛文龍驚愕曰公病劇

奈何許曰固無恙也應春就其家診之陽爲好語
啓囑其子曰而翁臟脈已絕特浮陽在外不見劇
狀耳夜半當疾作及晡而逝矣可亟治後事已而
時刻不爽有按院行部至虞稱病不言所以徧召
諸醫莫曉乃召應春診之曰無他病祇患夜遺耳
安神保元自已院赧然曰胡神哉又問曰富貴中
人參養安逸然多疾病時服藥餌窶人日勞筋骨
奔走衣食而鮮病何也應春對曰戶樞不蠹流水
不腐院大奇之曰此非方術中人命其子藎臣例

入太學應　春診脉醫治類有神驗即一二事依稀扁鵲之視桓侯焉然隨所求治酌方與之不計其酬因取神仙家董奉種杏故事自號杏莊有杏莊卷藏于家

謝表少習舉業既而業醫於脉理有獨解且能望而決人生死邑人劉姓者患痘不起勢垂絕父母置棺將殮之謝往視驚詫曰此火症也急以水澆其面作咿吾聲仍取水灌之痘即分串纍纍起矣有婦難產諸藥靡效謝以升麻人參前胡各五錢投

之郎下衆問其故謝曰此胎走岐路而氣下陷也故用升麻以提之而參則佐其氣前胡則活其痰耳嘗家居見媳從前過謂其子曰汝婦神理已絶明年此時當不復有矣竟如其言久客廣德廣德人咸稱謝一貼又曰謝半仙得所酬即貸人一日置酒集諸交游曰吾化期已逼與諸君語别衆以爲癡謝曰吾欲决人生死而不能自决耶取諸所貸券火之抵家其叔偶值問曰柰何以此時還對如前言叔曰試爲我一診謝曰同行自見不數十

武謂叔曰嘗先姪十日叔竟卒之信後刻期無爽人以爲秦越人復出焉

周一龍字五雲邑庠生幼精舉子業一夕夢神授以秘術遂習岐黄望聞問切多所救濟善知人生死性好施與賑施貧乏服劑不取其酬邑中稱良醫云後[illegible]李茂蘭習其術亦以善醫聞

鍾欽禮善畫雲山草蟲詩字亦佳所居門對南山古松蔭翳日箕踞其下玩峯巒雲氣之變遇得意輒起奮筆弘治間以繪事被徵李空同嘗作歌以紀

其畫有鍾生始學戴文進後來頗自出機軸詳諸隱逸傳

劉鵬侍郎精於染翰嘗作雲山圖人競珍之詳文苑傳

顧琳號雲屋仕爲知州讀書政治之暇嘗遊戲於繪事爲世所重

俞漢遠名尚禮精於翰墨且善丹青間戲作枯木春草自有一種天趣絶無畫家谿徑官至江西參議

朱袞善草書筆法遒勁尤工大字嘗以水部郎使杭遊西湖酒中用布濡墨作飛來峯三字世稱奇絶

黄赳字斗華傳學善奕時神宗酷好手談大璫欲引之入見特使宣召赳忽遁去

軼事

漢魏宗伯陽之子仕魏朝爲將軍封於段干見抱朴子

晉梁山伯字處仁家會稽少遊學逢祝氏子同往肄業三年祝先返後二年山伯方歸訪之上虞始知祝女子也名英臺山伯悵然歸告父母求姻時祝巳許鄮城馬氏弗遂山伯後爲鄞令嬰疾弗起遺命葬於鄮城西清道原明年祝適馬氏舟經墓所

風濤不能前英臺聞有山伯墓臨塚哀慟地裂而埋壁焉官聞于朝丞相謝安奏封義婦塚見寧波府志

稽康其先上虞人姓奚因避讐徙譙之銍縣有嵇山焉因更其姓曰嵇以奚嵇聲近且不忘故山示丘首也

錢塘杜明師夜夢東南有人來入其館是夕即謝靈運生於會稽旬日而謝元亡其家子孫難得送靈運於杜治養之十五方還都故名客兒見異苑

南寶寺在南寶村過橫嶺則到有好事者尋訪山水

登嶺行倦息于樹下有村叟亦憩焉共語山川形勝指顧之間見路側一墳老叟曰此墳若是丈夫則無可說若是女人則子當爲三公好事者異其言訪於寺僧有知者曰此鄭汪母墓也初元和中寺有鄰女與村民石生通爲舉一兒十餘歲時有客僧姓鄭遊止寺中病苦痢逾月寺僧常令此兒供給湯粥甚得氣力擬乞爲童子將去問可否諸僧曰其父石生存待爲問之石生許可僧將去因姓鄭氏僧以方書技術敎之又别遇方士頗精游

藝交謁王公因遂榮達大和中恩渥隆異除鳳翔府節度使坐事伏誅即鄭注也其母死後寺僧葬於嶺上即老叟所指之處也 見錄異記

梁孔祐隱四明山見山谷中有錢百斛視之如瓦石樵者競取之入手即成沙礫有鹿中矢來投祐祐爲養之瘡愈而去 見南史

本邑昔有雁爲人治田春啣拔草根秋啄其穢縣官禁民不得妄害久而無之九都雁步 見十三洲記

後鄉在十一都有神日白鵝凡日到辰巳時遥望若

二白鵝舒翼而舞或一或二或上或下或有月白變而蒼陰雨時則不見至視之惟有白水二穴見舊志

宋漁人於曹娥得一鯉腹中有小玉印宮門張提舉獲之以獻高宗曰此我故物手鐫德基二字建炎避敵隊海中今四十五年矣不謂復見見舊志

李孟傳莊簡公之子紹興五年進士莊簡南遷隨侍至貶所遂卒於瓊州未卒數月前忽夢至一處海山空濶樓觀特起雲霄間有軒窻曰空明先世諸

父皆環坐其間顧指其一日留以待汝既寤知其不祥也未幾遂屬疾臨終有雲起于寢冠服宛然自雲中冉冉升舉環人悉見之莊簡有詩悼之云脫屣塵寰委蛻彈眞形澀澀駕非烟丹臺路杳無歸日白玉樓成不記年宴坐我方依古佛空行汝去作飛仙恩深父子情難割淚滴千行到九泉

洪襄惠之祖有恒名武昌居縣東門外社有迎桑神祈賽者暮寄赤石夫人祠武昌持杖大詬曰疾風暴雨不入寡婦之門神雖土偶可男女混耶悉擊碎之社中相許以爲名犯國號遂於南京時明祖

初定冉閔知其詳直武昌且曰是朕興之兆也賜名有恒赦之歸有恒至錢塘西溪樂其土風曰吾終不可與鄉人處遂家焉再傳而生襄惠今其父祖墓在新通明堰之北山府志言襄惠隨父贅杭誤也

楊公紹芳嘗候上官于東郭之郊亭日晡矣民有獻蒸餅者公食之膏汚其衣袍民叩頭請罪公愕然問故民以食之不潔汚衣爲對公哂曰以食饋我汝之情也食而汚衣其事在我且汝安見衣有久

服而不壞者乎溫顏遣之

陳公金以行人使安南不受餽遺安南爲建郤金亭當使時安南舉宴有蒸魚目珠旋轉不已公直取食其目蓋魚味在目甚美也又有竹大如五石甕而葉極細如箭以數節置席前問曰大國有竹如是乎公預以青箬葉置書册中令取葉示之曰竹不可携止有葉褁他物者可以相驗安南大駭

陳公禧有膂力與苗人戰持雙刀各重十餘觔一日誤墮塹下賊臨之以刄塹高數丈公躍而上賊以

夥作其胄傷首血流至踵復殲賊奪馬而歸

陳子翬元至正二十四年乙巳修邑志時張啓元以

築城至貽之詩云舜禹遺蹤歷可觀風流江左晉

衣冠曹朱盡孝捐軀命劉李輸忠吐肺肝月旦有

評淸議重起居無錄史書難憑君直筆傳疑信留

取文章久遠看今修志亦當乙巳事有相符者如

此

災祥

自古謂災異之見乃天心仁愛所以警戒夫人蓋

遇樂而喜思難而懼人情也故春秋書異不書祥
茲志災異者什九夫亦體聖經垂戒之遺意乎

明正德元年夏旱歉收民饑

三年夏大旱民訛言黑眚出

七年七月十七日夜颶風大作海潮溢入壞下
五鄉民居男女漂溺死者動以千計潮患之大
此創見者

十三年譙樓前放生池蓮一莖兩蘂者二知縣
劉公近光有碧沼呈祥卷邑人張文淵記

明嘉靖二年旱民饑

三年大旱

明嘉靖二三年間有長人郎山鬼也嘗在百官九龍山中山深窈迢遞十里許無村落爲七鄉孔道有急難雖昏黑風雨之夜勢不能免往來不幸或遇之多被其害嘉靖間衆議捌張神祠以接濟行旅其患遂息

十三年秋七月颶風瀑雨壞廬舍傷禾稼歲歉

十四年六月三日火災東自城隍廟西及關王廟延燒一百餘家火災莫此爲甚

十八年大水

十九年火災自城隍廟至縣前延燒甚衆

二十三年大旱民饑斗米值銀一錢八分

三十三年秋癸晡時兩日黒光摩盪可一辰而沒民聚觀之是年李樹生黃瓜

三十四年六月倭寇自四明經邑東門外所至殘滅隨渡曹娥江以去是冬復至

三十五年正月初倭寇復自四明至東門外花園畈時同知屈適率河南毛葫蘆兵駐虞出兵與戰甫一合官兵敗北賊從北城外渡江去横屍遍野慘酷不可言蓋自嘉靖甲寅乙卯來民生無幸屢遭倭警外傷於焚畧內困於征輸供億騷擾之煩腹創荼毒之苦難以言狀獨恃城守坊市之民不至殘破塗地耳使非鄭公豫爲之圖則百姓之在其中者蚤已被害追感其德益深後雖無寇而訛言相傳人情洶洶弗寧厥

居外者欲匿避城郭内者欲走避山林老幼男

女牽連顚頓悲號道路朝夕不保何問生業哉

自是閭閻若掃邑里蕭條患息二十年餘不能

復故誠厄會云

明隆慶元年放生池產並蔕蓮

二年民訛言選女子入宫數日民間奔娶殆盡

四月初一日未時日食既昏黑星盡見馬牛羊

在山野者皆奔歸

明萬曆三年六月初一日夜大風雨北海水溢有火

邑漂沒田廬衝入城河以杖擊之有火星見按水異經謂火沴水

十五年七月二十一日風雨屋瓦如飛梁柱垣牆傾圮漂沒者無筭合抱之木立拔平地水湧數尺

十六年復旱民饑

十七年復旱湖河溪澮最深者亦盡涸其底可履如平陸田拆禾焦升斗無入

三十二年十一月初九日夜地震屋宇搖動甚

有傾倒者人盡駭愕

天啓四年十月地震

崇禎元年正月朔日食風霾七月廿三颶風大作拔
木發屋海潮大進塘堤盡潰自夏蓋山至瀝海
淹死人民以萬計

崇禎五年大旱七年前江十都地潮水曲割竟迴夏
蓋湖鹹水直注餘姚

崇禎十四年正月大雨雪民饑六月飛蝗食禾

皇清順治三年夏大旱五月廿六日太白晝見七月

大風拔木海潮入禾稼淹腐
順治四年春大饑斗米四百錢民食榆皮土粉
順治五年三月山賊王岳壽入城盡焚縣廨十一月
焚燒下管徐姓房屋
順治十五年閏三月初一日羣龍戰鬬大雨雹條忽
高尺餘細者如彈巨者如拳更有巨如石臼至
不能舉者人畜多殛死菽麥無收
順治十八年辛丑四月李生王瓜三月不雨禾稼大
焦枯至八月始雨沿城絕粒八都塘壞鹹水入

河夏葢湖東西鄉絕粒奇荒連歲

康熙三年八月初一日大風雨海塘復壞潮入禾稼無收十一月有大星見東南方氣日如練

康熙七年六月十七日戌時地震屋瓦皆崩七月地上生白毛

康熙九年六月大水

康熙十年大旱青蟲食稻七月初五夜城中火災自儒學前謝家新街悉焚

上虞縣志卷之二十終